Antes e Depois do Berço

A TRAJETÓRIA DO ESPÍRITO NO CAMINHO DA EXPERIÊNCIA TERRENA

Letra Espírita

1ª Edição – Fevereiro/2024

A editora Letra Espírita mantém o Grupo Espírita Yvonne do Amaral Pereira em Campos dos Goytacazes/RJ.

Capa e Diagramação: Maryana Ahlert

Revisão: Ariane Moreira

Coordenação Editorial: Murilo Viana

Imagens da Capa: Freepik.com | Rawpixel.com | Tohamina | Harryarts / AdobeStock | Oksana Kuzmina | LIGHTFIELD STUDIOS

Títulos: Estrela; Adobe Garamond Pro
Texto: Book Antiqua

Impresso no Brasil

Contato e pedidos:

vendas@letraespirita.com.br
(22) 2738-0184

Dados Internacionais de Catalogação na Publicação (CIP)
(Câmara Brasileira do Livro, SP, Brasil)

Moreira, Darcy Neves
Antes e depois do berço : a trajetória do Espírito no caminho da experiência terrena / Darcy Neves Moreira. -- Campos dos Goytacazes, RJ : Letra Espírita, 2024.

ISBN 978-65-88535-56-1

1. Espiritismo 2. Mediunidade 3. Reencarnação I. Título.

23-175448 CDD-133.90135

Índices para catálogo sistemático:

1. Reencarnação : Espiritismo 133.90135

Tábata Alves da Silva - Bibliotecária - CRB-8/9253

Darcy Neves Moreira

Antes e Depois do Berço

A TRAJETÓRIA DO ESPÍRITO NO CAMINHO DA EXPERIÊNCIA TERRENA

Campos Dos Goytacazes - 2024

Sumário

Agradecimentos

À Deus, Criador do Universo, que atende a todos os Seus filhos com solicitude única. A Jesus, querido e amado Mestre, o Bom Pastor que cuida com atenção e zelo especiais de todas as Suas ovelhas, ensinando-lhes os caminhos da vida em abundância.

À Allan Kardec, mestre dos mestres, pela sensibilidade e perspicácia com que reuniu ensinamentos esparsos na humanidade, construindo uma Doutrina que nos permite roteiros para uma vida nova.

Aos Espíritos bondosos que me ampararam nesta jornada, sugerindo-me fontes de consulta e fornecendo instruções para a escrita destas páginas, entre eles dona Benedita Fernandes.

Aos meus pais, José Antônio e Alcides, amigos da jornada reencarnatória que me favoreceram a carga hereditária para que eu retornasse à vida terrestre e vivesse esta experiência renovadora.

Às crianças da Creche Casulo que me mostraram as várias possibilidades de colocar em prática as lições aprendidas com a Pedagogia.

Aos queridos amigos Palmiro Costa (*in memoriam*), Álvaro Chrispino e Lucia Moysés pelas orientações quanto ao ato de escrever, compor e editar este livro.

A quem se destina?

O impulso inicial para escrever este livro foi o objetivo de atender e orientar as mães com relação aos cuidados que poderiam ter com seus filhos, os recém-chegados a este mundo. No dia a dia das atividades na Creche Casulo, onde passei alguns anos de minha vida como diretora voluntária, observava como pais, mães, avós ou demais responsáveis se relacionavam com as crianças pequenas. No trato com eles e seus filhos somado ao meu entendimento da Doutrina Espírita e algumas questões relacionadas à educação e à evangelização, pensei que seria possível destiná-los aos pais, os primeiros professores que por meio da vivência apresentam-lhes o mundo e os prepararam para o porvir.

Numa visão contemporânea o livro também se destina aos responsáveis, tios, irmãos mais velhos e amigos, pois o conceito de família se expandiu. Trouxe nestas páginas alguns recortes doutrinários indispensáveis para o entendimento da visão Espírita do processo de reencarnação e, consequentemente, de educação, possibilitando o auxílio no manejo deste *barco tão especial* que é a existência. Observando e conversando com esses pais e responsáveis por pequeninas crianças, percebi a quão delicada é a tarefa da paternidade e o quanto precisamos entender, estudar e refletir sobre ela. Esta é uma ciência, no dizer de Allan Kardec, que "exige muito tato, muita experiência e profunda observação[1]" para atingir a sua finalidade: a de formar o homem de bem.

Este livro também tem a intenção de trazer ao nosso alcance informações preciosas dos fundamentos do Espiritismo, encontradas em vários livros, de diversos autores e que nos ajudam a compreender melhor os pequeninhos com quem convivemos, esclarecendo que a tarefa da educação começa muito antes de iniciada a hospedagem destes seres no útero. Ao longo das páginas veremos que há muitas providências e um delicadíssimo trabalho no Mundo Espiritual, questões que não nos damos conta, mas com as quais o Pai Celestial nos presenteia em nossa caminhada evolutiva.

Anseio que ao final da leitura, você, leitor amigo, tenha colhido subsídios para a ação diária com seus filhos e demais amigos, desejando que também usufrua de instantes de alegria espiritual em contato com aqueles que também se propõem a aproveitar estas informações do outro lado da vida.

---

1 KARDEC, Allan. *O Livro dos Espíritos,* tradução de Guillon Ribeiro. Campos dos Goytacazes/RJ: Letra Espírita, 2022, p. 328.

Capítulo 1

Refletindo sobre as "sementes do destino"

A evolução do Espírito para que alcance a herança Divina é uma experiência significativa. Iniciamos essa caminhada na condição de Espíritos simples e ignorantes, até que alcancemos níveis mais elevados de consciência, contando sempre com a ajuda e o amparo dos Benfeitores Espirituais que dirigem nossos passos e, sabedores das parcas condições que dispomos para decidir e utilizar nosso livre-arbítrio, atuam pelos séculos nos ajudando na paulatina melhora dos padrões Espirituais que nos são inerentes. Muitos trechos dessa caminhada são árduos e complexos justamente pela bagagem adquirida ao longo do tempo, mas é a Lei! Ninguém foge do destino e cada um traz consigo as sementes, marcas oriundas dessa trajetória, na qual encontram muitos amigos que o auxiliam no avanço. Eles são os amigos, os pais, as mães, almas afins que acompanham a caminhada que para muitos é permeada de grandes tumultos, enquanto para outros é cheia de momentos suaves. Entretanto, o importante é saber que nesta Terra, onde o Espírito ainda em condição inferior estagia, encontram-se motivos e fatos à espera de dias melhores que só serão alcançados por um processo de educação espiritual de longo prazo, proporcionando o fortalecimento da fé e a identificação como um filho de Deus.

André Luiz, no livro *Evolução em Dois Mundos*, capítulo XIX, intitulado Sementes do Destino, esclarece quanto a esse processo:

> O inferno das várias religiões existe como órgão controlador do equilíbrio moral nos reinos do Espírito, assim como a penitenciária e o hospital se levantam na Terra, como retortas de recuperação e de auxílio [...] é assim que as Inteligências ainda perversas se transformam em instrumentos reeducativos daquelas que começam a despertar, pela dor do arrependimento para a imprescindível restauração. [...] Nesses lugares de retificadoras inquietações, alija o Espírito endividado a carga de superfície, exonerando-se dos elementos de mais envolvente degradação que o aviltam; contudo tão longe revele os primeiros sinais de positiva renovação para o bem, registra o auxílio das Esferas Superiores, que por agentes inúmeros apoiam os serviços da Luz Divina onde a ignorância e a crueldade se transviam na sombra. Qual doente, agora acolhido em outros setores pela encorajadora convalescença de que dá testemunho, o devedor desfruta suficiente serenidade para rever os compromissos assumidos na encarnação recentemente deixada, sopesando os males e sofrimentos de que se fez responsável, acusando ainda a si próprio, com a

incapacidade evidente de perdoar-se, tanto maior quão maiores lhe foram no mundo as oportunidades de elevação e a luz do conhecimento. Muita vez, ascendem a escolas beneméritas, nas quais recolhem mais altas noções da vida, aprimoram-se na instrução, aperfeiçoam impulsos e exercem preciosas atividades, melhorando os próprios créditos; todavia as lembranças dos erros voluntários, ainda mesmo quando as suas vítimas tenham já superado todas as sequelas dos golpes sofridos, entranham-se lhes no espírito por "sementes de destino", de vez que eles mesmos, em se reconhecendo necessitados de promoção a níveis mais nobres, pedem novas reencarnações com as provas de que carecem para se quitarem consciencialmente consigo próprios [...] merece a criatura os cuidados preparatórios da nova tarefa em vista, a fim de que haja a conjugação de todos os fatores para que reencontre os credores ou circunstâncias imprescindíveis, junto aos quais se redima perante a Lei. Entretanto há reencarnações que se processam, muita vez, sem qualquer consulta aos que necessitam de segregação em certas lutas do plano físico, são os problemas especiais, em que a individualidade renasce de cérebro parcialmente inibido ou padecendo mutilações congênitas, ao lado daqueles que lhe devem abnegação e carinho. Incapazes de eleger o caminho de reajuste, pela loucura ou estado de sofrimento que evidenciam, semelhantes enfermos são decididamente internados na cela física como doentes isolados sob assistência precisa. Vemo-los assim, repontando de lares faustosos ou paupérrimos, contrariando, por vezes, até certo ponto, os estatutos que regem a hereditariedade, por representarem dolorosas exceções no caminho *normal*[2].

Desde épocas remotas o homem acredita em lugares onde a felicidade reina para aqueles que andaram pelos caminhos do bem - o céu -, e, também, no eterno sofrimento - o inferno -, que aguarda aos que caminharam por vias transversas. Essa concepção gera angústia e dor que acompanham o Espírito ao longo do tempo. Nessa condição, após séculos de sofrimento, a consciência clama pelo retorno ao caminho do bem, representado pelo Pai, tal qual vemos na *Parábola do Filho Pródigo*[3]. O arrependimento faz com que o Espírito busque uma forma de ajuste e, em estado lastimável, meios para depurar-se. O Espírito então, em conflituosa situação nas regiões do que denominamos Umbral, zonas ainda inferiores, é conduzido, ou melhor, alcançado por tarefeiros de maior condição evolutiva a fim de reiniciar o processo de educação do Espírito.

As informações espirituais citadas acima por André Luiz, mas em especial as encontradas no livro *Memórias de*

---

2 XAVIER, Francisco Cândido. *Evolução em Dois Mundos*, pelo Espírito André Luiz. 4ª ed. Brasília/DF: FEB, 197, p. 149-150).

3 Lucas 15:11

um Suicida[4], psicografado por Yvonne do Amaral Pereira, dão conta da existência de laboratórios onde missionários do bem, instalados em Esferas Superiores, utilizam instrumentos delicados, ainda não perceptíveis à inteligência humana, para captar o momento em que o Espírito decide pela mudança de atitude. O remorso diante das suas condutas faz com que nasça a vontade de mudar e o cansaço dos sofrimentos gera uma angústia que o deixa prostrado, buscando então a mudança. É nessa hora que fios invisíveis trabalham a seu favor acionando providências para que faça o caminho de volta, reposicione-se na vida, reaprenda e seja amparado por aqueles que compõem os serviços da luz, formado por Falange Espiritual que trabalha de forma cuidadosa e amorosa para tratar os amigos que, a partir de então, se abrem para novas tentativas. Com dedicação e calma, os Falangeiros do Bem organizam roteiros para que a caminhada alcance o sucesso.

Todos os esforços visam o sustento da alma que, ao reencarnar, terá um programa de vida marcado com as sementes de seus velhos hábitos, estas que precisam ser modificadas por meio de uma atenta educação. Mas, informa André Luiz que há reencarnações penosas, outras em que o Espírito permanece envolto como numa névoa que impossibilita maiores movimentos físicos e mentais, experiência necessária para o seu avanço, reconhecendo, então, na criança, o

4 PEREIRA, Yvonne do Amaral. *Memórias de um Suicida*, pelo Espírito Camilo Botelho. 15ª ed. Brasília/DF: FEB, 1989, p. 220-221.

Espírito que traz uma bagagem que não se pode identificar, mas com potencialidades de desabrochar com o cuidado atento dos pais, seja em lares ricos ou pobres.

Ao olhar uma criança, tão linda e fagueira, observamos-lhes a aparência e, conforme os nossos estudos, sabemos estar ali alguém que carrega as sementes do destino, apenas encobertas pela aparência da inocência. Mas então, como identificar o tipo de semente que ela traz?

Aí está a missão dos pais, esta que o Espiritismo vem esclarecer de maneira especial. Os pais aceitaram a tarefa de ajudar o Espírito a ampliar seus horizontes de vida e retornar ao caminho da esperança. Eles trazem sua herança espiritual, as sementes do destino, que surgem em forma de tendências inatas, aguardando a ação de mãos diligentes para que alcance novos posicionamentos diante da vida. São presentes do Deus de bondade que quer recuperar Seus filhos desviados do caminho do bem, mas que estão, então, inseridos em trilhas de recomeço.

Conhecer um pouco mais sobre este tema na visão de alguns Espíritos e educadores será de grande ajuda nesta interessante viagem.

Capítulo 2

Começando uma viagem

Esta viagem será muito agradável e vislumbraremos paisagens encantadoras. Viajar é sempre bom, pois encontramos pessoas diferentes, trechos que nos levam a reflexão, estações de descanso e de integração com outros passageiros que viajam conosco, paradas obrigatórias e momentos de mudar de vagão ou de lugar.

Começaremos esta conversa com uma Amiga Espiritual, dona Benedita Fernandes[5]. Ela sinaliza a necessidade de que os pais se informem a respeito dos aspectos espirituais que envolvem a tarefa da educação, uma das funções da família. A visão espírita da educação nos proporciona um olhar diferenciado para os seres ligados ao nosso coração, nossas crianças, dando-nos um guia de como educá-las, ajudar em seu crescimento, aliviar suas dores e outras questões que

5 Benedita Fernandes nasceu em 27/6/1883, em Campos Novos de espírita, em São Paulo e desencarnou em 09/10/1947. Viveu uma experiência de obsessão. Àquela época não havia manicômios. Benedita foi levada para delegacia e começou a receber passes e orações. Uma dessas vezes ouvira: "Benedita, se prometes consagrar-te inteiramente, aos enfermos e pobres, sairás curada daqui". E soube cumprir, integralmente, a promessa. Curada da obsessão, lançou-se ao trabalho no Bem, fundou asilos e orfanatos numa obra de Socorro e Amor. Estas informações constam do livro *Dama da Caridade*, de Perri de Carvalho.

fortalecem o vínculo com as almas-irmãs que retorna para um nobre destino. Esta é a afirmação de Emmanuel.[6]

Esta viagem à qual estamos convidados nos pede sensibilidade, atenção e coração aberto para o aprendizado com outros irmãos de jornada, sejam encarnados ou desencarnados, que vêm para direcionar os nossos pensamentos. Eis o recado que a amiga nos dá:

> Irmãos, educar é trabalho no bem.
>
> Os mais pequeninos sempre lançam olhares de admiração sobre os atos daqueles que são mais experientes. Muitas vezes, sufocam as intenções do passado nebuloso pela insistência em repetir os atos dos que os antecedem na romagem terrena. Fortes e persistentes devem ser nossas ações para que possamos educar pelo exemplo. Quando vemos as crianças com a aparência da inocência idealizada, carregamos o sentido angelical, ao invés de lhes atribuir a característica de vasos límpidos, a serem preenchidos pela boa terra da educação.
>
> Eduquem-se, especialmente nestas funções e práticas do Espiritismo, para que fique, naqueles que chegam, a sua referência. Olhem-se com atenção, pois não basta

---

6 XAVIER, Francisco Cândido. *Religião dos Espíritos*, pelo Espírito Emmanuel. 21ª ed. FEB: Brasília/DF, 2010, p. 54.

pregar, é preciso viver o amor. Jesus conosco.[7]

Nossa Amiga Espiritual destaca o significado da ação educativa junto à criança, processo que estará focado no modelo mais próximo, aquele que é visto todos os dias. A criança imita o comportamento dos pais, mas ela não tem maturidade para saber se o convívio com eles é bom ou se tem deficiências. Assim, ela simplesmente imita, pois, sua referência de vida neste início são eles e os demais com quem convive. Vê-se, portanto, a complexidade do ato de educar e, indo além, da necessidade de entender que esses pequenos seres não se dirigem sozinhos.

No mesmo sentido, Joanna de Ângelis nos esclarece no livro *À Luz do Espiritismo*:

> À luz do Espiritismo dirimem-se equívocos, equacionam-se problemas, corrigem-se enganos, aclaram-se conceitos, modificam-se opiniões, surgem roteiros novos, estabelecem-se diretrizes seguras, valorizam-se labores e tarefas, clareiam-se consciências, modificam-se os painéis da vida e a morte se transforma em abençoado veículo para a Imortalidade.[8]

A Doutrina Espírita é um sol de bênçãos que por seus conteúdos enriquecedores, permite que construamos um

7 Mensagem ditada por Benedita Fernandes em reunião de socorro espiritual no CEERJ em 24/08/2016.

8 FRANCO, Divaldo Pereira. *À Luz do Espiritismo,* pelo Espírito Vianna de Carvalho. Salvador: LEAL, 1968, p. 05.

olhar diferenciado para a vida, modificando opiniões, ideias e valores e vendo à nossa frente uma nova janela se abrir diante dos nossos olhos. Tendo isso em vista, proponho um exercício ao amigo leitor: coloque uma folha em branco próximo à sua mesa de trabalho e com uma régua, passe uma linha no meio da folha escrevendo, de um lado, a palavra antes e, do outro, a palavra depois. Anote o seu ponto de vista da vida antes e depois de conhecer e aceitar os postulados espíritas. Tenho certeza que há muitas anotações de um lado e de outro, e que mudanças substanciais se deram em nossas vidas. Isto se dá, especialmente, no que diz respeito à confirmação e comprovação da continuidade da vida após a morte do corpo físico. Não morremos no sentido de deixar de existir, e isso faz toda a diferença. Desta forma, a proposta de Joanna de Ângelis permite observar o quanto o conhecimento espírita interiorizado altera o nosso modo de viver. Quantas situações foram explicadas! Como o conhecimento se ampliou!

Capítulo 3

Revendo os conceitos libertadores

Neste capítulo acompanharemos Allan Kardec que, cinco anos após a publicação de *O Livro dos Espíritos*, realizou uma série de viagens pelas cidades no entorno de Paris a fim de avaliar a divulgação das novas ideias, conhecer novos amigos e fazer expressivos discursos. Um deles, mais precisamente o segundo discurso aos Espíritas de Lyon e Bordeaux, abordou a rapidez da propagação da Doutrina e se expressou desta maneira: "*o materialismo ameaçava fazer a sociedade mergulhar em trevas, afirmando aos homens 'o presente é tudo, o futuro não existe'. O Espiritismo corrige a distorção afirmando: 'o presente é bem pouco, mas o futuro é tudo'. E isto ele prova*[9]". Kardec discorreu sobre as consequências do materialismo, destacando o papel do Espiritismo que com as extensas pesquisas efetuadas e os depoimentos dos Espíritos, trouxe a certeza de que a morte é um instante em nossa vida. O Espiritismo surge mostrando provas irrecusáveis da existência de um mundo novo e vibrante.

Para clarear mais esse entendimento, encontramos uma

9 KARDEC, Allan. *Viagem Espírita*. 1862, O Clarim: Matão/SP, 1981, p. 74.

citação de Léon Tolstói[10] na introdução do livro *Ressurreição e Vida* que leciona que *"no dia em que o túmulo se fechar sobre o corpo inerte de um homem, raiará para sua alma, nova era de um destino imortal[11]"*, registrando no fenômeno morte a continuidade da vida. Desta forma, *"ao tombar o corpo inerte, o Espírito vai encontrar uma realidade que desconhecia[12]*. Saber desta informação muda a nossa opinião com relação à existência carnal e um grande número de Espíritos com quem se conversa em reuniões mediúnicas demonstra a imensa surpresa diante da continuidade da experiência vivenciada. Nada esperavam... e que surpresa! Encontram-se como sonâmbulos, vivos distantes do corpo.

A leitura da obra *O Céu e o Inferno*, de Allan Kardec, também fortalece o entendimento sobre o processo de sobrevivência da alma, pois traz inúmeros depoimentos de Espíritos que foram entrevistados. Pode-se dizer que se trata de livro indispensável no estudo aprofundado da Doutrina. Os companheiros da Sociedade Parisiense de Estudos Espíritas, comandada pelo Codificador, evocavam os Espíritos que então forneceram preciosas informações a

---

10 Léon Tolstói nasceu na Rússia em 9/9/1828. É autor de várias obras, entre elas o romance *Guerra e Paz*. Por influência de Jean-Jacques Rousseau desenvolve experiências educacionais acreditando que a função da educação seria melhorar a moral e moldar o caráter das criaturas por meio da autodisciplina. Morreu em 14/11/1910. (www.ebiografia.com).

11 PEREIRA, Yvonne do Amaral. *Ressurreição e Vida*, pelo Espírito Léon Tolstói. 5ª ed. Brasília: FEB, 1981, p. 11.

12 PEREIRA, Yvonne do Amaral. *Ressurreição e Vida*, pelo Espírito Léon Tolstói. 5ª ed. Brasília: FEB, 1981, p. 11.

respeito deste tema. Se não morremos, precisamos entender esse fenômeno como uma mudança de cenário e, a partir disto, um mundo de sensações e ideias passa a acompanhar os irmãos até que se ofereça a oportunidade de revisão dos atos e projeção para a vida futura.

Os livros trazidos pela faculdade mediúnica de Chico Xavier, Yvonne Pereira, Divaldo Franco, Raul Teixeira e muitos outros, igualmente oferecem preciosos informes. A realidade é que a experiência terrena não tem ponto final, mas vírgulas, ponto e vírgulas, reticências, exclamações, interrogações e muitos traços de união. Nós não somos ilhas, mas partículas que compõem um continente ou, se preferir, fótons que integram um só foco de luz, pois em Deus nós vivemos e nos movemos. O fenômeno morte é uma transição e a chegada ao Mundo Espiritual é uma experiência única. Cada indivíduo chega à sua própria maneira e, portanto, carregando sua bagagem de vida como encarnado. É bom acrescentar que ninguém chega sozinho, pois esse momento tão significativo na vida de cada um é sempre acompanhado de perto pelos Amigos Espirituais e por tantos outros, sempre relacionados à nossa bagagem espiritual. Nem todos percebem e entendem dessa forma, mas é exatamente o que acontece!

Capítulo 4

Como se dá a chegada do Espírito ao Plano Espiritual?

Para responder a esse questionamento é preciso destacar alguns exemplos extraídos dos livros indicados e, dentre eles, o caso do sr. Sanson, membro da Sociedade Parisiense de Estudos Espíritas, no livro *O Céu e o Inferno*. Sabendo-se muito adoecido, solicitou aos companheiros de tarefa espírita que tão logo ele desencarnasse, o evocassem antes do enterro de seu corpo, a fim de comprovarem a veracidade dos ensinamentos do Espiritismo. Eis a sua comunicação:

> A minha situação é bem feliz, pois nada sinto de minhas antigas dores. Estou regenerado e renovado, como costumais dizer. A transição da vida terrestre para a vida espiritual, de início, tinha me tornado tudo incompreensível, pois ficamos, às vezes, diversos dias sem recobrar a lucidez. Mas, antes de morrer, fiz uma prece a Deus, para rogar-lhe que pudesse falar àqueles que amo, e Deus me ouviu.[13]

Acompanhando o relato do amigo, ao qual convidamos

---

13 KARDEC, Allan. *O Céu e o Inferno*. Editora EME: Capivari/SP. 2020, p. 129.

todos os leitores a consultar na íntegra, percebe-se o sentimento que o invade: a alegria por constatar a veracidade dos conteúdos estudados ao longo de sua vida.

André Luiz, no livro *Libertação*, cita uma fala do Espírito Saldanha, ao se reconhecer vivo: *"Estou simplesmente diante da vida! A sepultura apenas derruba o muro de carne, porquanto nossas dores continuam tão vivas e tão contundentes quanto em outra época, quando suportávamos a caixa dos ossos"*.[14]

Queremos destacar ainda, outro depoimento constante em *O Céu e o Inferno*, precisamente em sua 2ª parte - Espíritos Felizes, quando a Viúva Foulon descreve o seu estado na erraticidade conforme se segue:

> [...] achei-me, após o derradeiro suspiro, numa espécie de síncope, sem consciência de minha condição, sem perceber nada e numa vaga sonolência, que não era nem o sono do corpo, nem o despertar da alma. Permaneci por um bom tempo assim. Depois, como se saísse de um longo desfalecimento, fui despertando pouco a pouco em meio a irmãos que eu não conhecia. Eles me ofertaram cuidados e carinhos, mostraram-me um ponto no espaço que parecia uma estrela brilhante e me disseram: "É para lá que ireis conosco. Não pertenceis

14 XAVIER, Francisco Cândido. *Libertação*, pelo Espírito André Luiz. 13ª ed. Brasília/DF: FEB, 1987, p. 128.

mais à Terra".[15]

Como é possível notar, *O Céu e o Inferno* traz um farto conteúdo de relatos que poderiam ser incluídos neste item de forma a fortalecer a nossa crença na sobrevivência da alma. Há depoimentos sobre os primeiros instantes após o fim da vida do corpo físico, ensinando-nos que o corpo cansado e doente deixa de executar suas funções vitais; os olhos se fecham e não há mais resposta daquele ser com quem se relacionava até há pouco. O que aconteceu, então? Terminou a missão da presente vida!

Há na coleção de músicas para evangelização, uma delas de autoria da Tia Vilma, a querida Vilma de Macedo - denominada *Espírito* –, que termina com esses versos: "*Quando ele (o corpo) estiver bem velhinho, cansado, abatido ou mesmo quebrado, serei obrigado a deixá-lo e estarei espírito desencarnado*". Contava-nos Tia Vilma que na semana seguinte em que havia trabalhado com as crianças esse conteúdo (na União Espírita Fernandes Figueira, situada na Comunidade do Jacarezinho, no Rio de Janeiro), o cantor Gonzaguinha desencarnou. As crianças diziam então que o corpo dele foi todo quebradinho. E lembravam-se de que ele desencarnou num acidente. As crianças entenderam perfeitamente o conteúdo da atividade desenvolvida.

Estas informações são básicas para o nosso entendimen-

15 KARDEC, Allan. *O Céu e o Inferno*. Editora EME: Capivari/SP. 2020, p. 154.

to a respeito do que seja a educação para toda vida, pois a realidade no Mundo Espiritual é um grande livro e cada depoimento fortalece a crença na realidade que nos espera a todos. Quando essas verdades são recebidas desde cedo, durante toda a vida funcionará como uma vacina que previne as doenças morais.

Ademais, a sobrevivência da alma é assunto de fundamental importância para a vida do ser humano na Terra. As dúvidas que sempre existiram e que ainda persistem a respeito do momento da morte, têm nas comunicações dos Espíritos as bases que afastam ideias pessimistas que podem dar origem ao suicídio, à depressão, à loucura e à entrega a todo tipo de viciação. Inclusive, nos dias mais complexos da pandemia, sentimos a necessidade de conversar com crianças e jovens e com quem mais pudemos sobre este tema de grande valia para o ser humano.

Capítulo 5

O significado do retorno à experiência da carne. Os propósitos do Espírito.

Por que voltar à Terra? Eis um tema que precisa ser discutido, já que é uma grande indagação de muitos companheiros de jornada.

Para ilustrar a resposta à esta questão, novamente é possível recorrer ao livro *O Céu e o Inferno*, 2ª parte, em depoimento do Espírito Jacques Latour, no capítulo VI, intitulado Criminosos Arrependidos. Ele, atraído pelas amorosas vibrações de um grupo de médiuns, manifestou-se então de forma ruidosa, sendo atendido, acolhido e recebendo a generosa atenção dos amigos presentes. Após uma série de evocações em que ele foi se percebendo como ser imortal e verificando a melhora paulatina de seu estado espiritual, diz:

> Oh, meu Deus! Sinto a enormidade dos meus crimes e curvo-me diante de Vossa onipotência. Senhor, eu Vos amo de todo meu coração e vos rogo a graça de permitir, uma vez que Vossa vontade me enviará para sofrer novas provações na Terra, que eu para ela volte

> como missionário da paz e da caridade, para ensinar às crianças a pronunciarem vosso nome com respeito. Eu vos rogo que permitais ensinar-lhes a vos amar, a Vós que sois o Pai de todas as criaturas. Oh, obrigado meu Deus! Sou um Espírito arrependido e meu arrependimento é sincero.[16]

Outra preciosa informação no tocante à volta do Espírito à reencarnação pode ser extraída de *O Evangelho Segundo o Espiritismo*:

> Quando deixa a Terra, o Espírito leva consigo as paixões ou as virtudes inerentes à sua natureza e se aperfeiçoa no Espaço, ou permanece estacionário, até que deseje receber a luz. Muitos, portanto, se vão cheios de ódios violentos e de insaciados desejos de vingança; a alguns dentre eles, porém, mais adiantados do que os outros, é dado entrevejam uma partícula da verdade; apreciam então as funestas consequências de suas paixões e são induzidos a tomar resoluções boas. Compreendem que, para chegarem a Deus, uma só é a senha: caridade. Ora, não há caridade sem esquecimento dos ultrajes e das injúrias; não há caridade sem perdão, nem com o coração tomado de ódio.[17]

Eis o que de fato, ocorre! Os exemplos incluídos neste

---

16 KARDEC, Allan. *O Céu e o Inferno*. Editora EME: Capivari/SP. 2020, p. 254.

17 KARDEC, Allan. *O Evangelho Segundo o Espiritismo*, tradução de Guillon Ribeiro. Editora Letra Espírita: Campos dos Goytacazes/RJ. 2023, p. 184.

capítulo nos falam sobre a situação do Espírito diante da realidade espiritual: num primeiro momento vem o susto pela constatação da continuidade da vida, pois muitos veem-se vivos quando tinham certeza de que a morte era o fim de tudo. Depois da grande surpresa em sentir-se vivo, vem a observação das ações pretéritas, um balanço de tudo e, então, propõe-se a recomeçar, se possível, no mesmo grupo familiar e, conforme lecionou André Luiz no início deste livro, com certeza voltará portando as sementes do destino.

Como nos disseram os amigos, não é pelo fato de morrer que o Espírito ou aquele indivíduo que agiu com muitos desacertos passa a ser bonzinho. Leva consigo a bagagem que construiu ao longo de séculos e não vai descansar nem mudar de uma hora para outra. Tudo que diz respeito a comportamentos e modos de vida não se altera com rapidez. É uma questão de tempo!

Não é raro ouvirmos os filhos falando com os pais ou com amigos e ao relatar as dificuldades com as quais convivem - problemas, frustrações, dores, relacionamentos familiares complexos -, dizem que "não pediram para nascer". Com o estudo aprofundado dos conceitos conclui-se que não pediu, mas sim implorou à Espiritualidade para retornar ao mesmo lar, com aqueles amigos ou adversários, pois viu-se como Espírito em trânsito na Terra, sendo responsável pelo abandono ou pela situação em que se encontra.

Santo Agostinho, no capítulo III de *O Evangelho Segundo o*

Espiritismo, em seu item 15, esclarece que a Terra é povoada por Espíritos rebeldes que precisam substituir a bagagem que trazem a fim de galgar um mundo mais harmonioso[18]. Como reclamar diante desta verdade?

18 KARDEC, Allan. *O Evangelho Segundo o Espiritismo*, tradução de Guillon Ribeiro. Editora Letra Espírita: Campos dos Goytacazes/RJ. 2023, p. 55.

Capítulo 6

De que maneira o Espírito se prepara para uma nova reencarnação?

Esclarecida a questão a respeito da chegada do Espírito ao Plano Espiritual, perguntamos: como o Espírito se prepara para reencarnar?

A bem da verdade, ele vai construindo esse entendimento enquanto a vida lhe pede para continuar a escalada rumo à realização plena, rumo ao crescimento espiritual. E os Espíritos Superiores respondem a Kardec na pergunta 167 de *O Livro dos Espíritos*, que a finalidade da reencarnação é o melhoramento progressivo da Humanidade[19]. Então, o caminho é retornar.

Na obra de Ricardo di Bernardi, intitulada *Gestação, Sublime Intercâmbio*, há muitos pontos de reflexão, entre eles:

> As escolas e locais de recuperação e tratamento onde os espíritos são preparados para o retorno ao novo mergulho em nossa dimensão, são constituídos de matéria oriunda do mesmo fluido cósmico universal do que se derivam todas as outras dimensões de matéria do Uni-

19 KARDEC, Allan. *O Livro dos Espíritos*, tradução de Guillon Ribeiro. Editora Letra Espírita: Campos dos Goytacazes/RJ, 2022, p. 102.

> verso. Os espíritos se agrupam, se associam, conforme o seu grau de evolução espiritual e afinidade. A lei de sintonia, sempre presente, determina que as vibrações semelhantes se atraiam, ou melhor, se sintonizem por similitude de frequência vibratória.[20]

O autor continua elucidando o que ocorre com os Espíritos que se esquivam da ideia de ter que reencarnar, afirmando:

> Nos espíritos relutantes, que temem renascer e se recusam a receber o preparo necessário, há intensificação do desgaste de suas unidades energéticas e o torpor consequente os impele compulsoriamente ao retorno. Algo como definhassem, morressem para a vida espiritual. O organismo feminino é o privilegiado ninho que receberá o espírito reencarnante. As ligações afetivas ou os desafetos do passado, presos emocionalmente pelos vínculos energéticos atraem a entidade ao campo vibratório que se lhe afiniza. Além da ligação espontânea que se verifica, as equipes especializadas passam a dar assistência e promover a progressiva ligação fluídica do espírito com os fluidos perispirituais da futura mãe. Desta aproximação vibratória do espírito à candidata a recebê-lo origina-se uma crescente interpenetração fluídica entre ambos. Estabelece-se um intercâmbio energético nas duas direções, com efeitos bilaterais.

---

20 BERNARDI, Ricardo de. *Gestação, Sublime Intercâmbio*. 5ª ed. Intelítera: São Paulo/SP, 2010, p. 31.

> O espírito vê-se envolvido na malha energética que o prende suavemente, como que expressando um convite ao regaço materno.[21]

No início desta conversa enfatizamos a importância do Espiritismo em nossa existência, com destaque para o que a Benfeitora Espiritual Joanna de Ângelis[22] diz quanto à mudança do ponto de vista com que se vê a vida. As informações sobre esse novo mundo são preciosas e nos enchem de ânimo. No Plano Espiritual há um mundo de providências que alcançam os Espíritos sem que eles percebam. A boa notícia que recebemos é saber a respeito das instâncias educacionais adequadas a cada tipo de Entidade Espiritual, isto é, de acordo com o nível evolutivo do Espírito há uma moradia e é grande a variedade dessas Colônias. Ao olhar o céu e sua imensa quantidade de pontos luminosos, pode-se entender cada um deles como um espaço de educação do Espírito. Há registros sobre este tema na obra *Voltei*, no item A organização educativa, onde o autor, Irmão Jacob assim descreve:

> A instituição a que minha filha presta concurso ativo impressionou-me pela grandeza. Trata-se de uma universidade que ultrapassa em programa e organização qualquer dos institutos europeus ou americanos

---

21 BERNARDI, Ricardo de. *Gestação, Sublime Intercâmbio*. 5ª ed. Intelítera: São Paulo/SP, 2010, p. 39.

22 FRANCO, Divaldo Pereira. *À Luz do Espiritismo*, pelo Espírito Vianna de Carvalho. Salvador: LEAL, 1968, p. 05.

> destinados a formação e ao burilamento do caráter infanto-juvenil. As crianças não encontrariam paraíso mais doce. Alguns irmãos e numerosas irmãs as orientam e educam com singular devotamento, preparando-as para a reencarnação na Crosta Planetária. [...] As criancinhas, não obstante viverem ali, em comunidade, dividem-se no esforço educativo, por turmas afins. Caracterizam-se os grupos por variados graus de elevação espiritual e as classes se subdividem pelas aptidões e tendências, examinados os precedentes de cada uma. [...] Experimentei, porém, a maior surpresa quando me deu a conhecer a assembleia dos meninos-orientadores. São meninos e meninas de passado mais respeitável e por isso mais acessíveis aos ensinamentos edificantes da instituição. Demoram-se no parque, às vezes muito tempo, aguardando circunstâncias favoráveis à execução dos projetos de ordem superior e, enquanto permanecem aí, desempenham valiosas missões, junto a crianças e adultos, entre as duas esferas, além das tarefas usuais de que se incumbem na própria organização em que se mantêm estacionados. Constituem, assim, vasta coletividade de escoteiros do heroísmo espiritual, junto dos quais encontramos inapreciável estímulo e santo exemplo.[23]

Este relato traz uma série de dados para nossa reflexão: o

---

23 XAVIER, Francisco Cândido. *Voltei*, pelo Espírito Irmão Jacob. 5ª ed. FEB: Brasília/DF, 1972, p. 106)

Mundo Espiritual é de uma riqueza inimaginável. Há uma série de espaços na erraticidade onde funcionam instituições de amparo aos Espíritos e suas diversidades de condições espirituais - inumeráveis escolas e educandários - e há as que atendem exclusivamente crianças com a organização de encargos e tarefas que elas possam desenvolver, sendo reunidas por diversos critérios como idade, afinidade, tendências e amadurecimento espiritual, com vistas à futuras reencarnações.

Na instituição que estamos focando destaca-se a estrutura da Colônia e a proposta pedagógica na preparação dos meninos orientadores. O Irmão Jacob afirma tratar-se de uma universidade. Como será? Imagina-se que há um propósito nesta formação que terá como consequência o retorno de uma grande quantidade de Espíritos que trarão como missão desenvolver uma revolução educacional. Eis o que se prepara e cujos labores pode-se perceber com a geração nova que chega à Terra. Esses Espíritos passaram por uma série de cursos e práticas a fim de se posicionarem com mais segurança em suas vidas e nas tarefas que irão assumir. Concordamos com esta afirmação, pois anotamos conversas com crianças que se mostram mais amadurecidas na geração atual. Os valores e as conquistas realizadas nestas instituições nos garantem o aperfeiçoamento da geração com o amadurecimento do Espírito, conforme encontramos em *A Gênese*, onde Kardec nos fala sobre os Espíritos amadurecidos que fundarão a era do progresso moral, portanto em um caminhar para a encarnação de Espíritos que já trazem esse gérmen e que com certeza construirão as bases da aristocracia intelecto-moral.[24]

No livro *Sexo e Destino,* do Espírito André Luiz, encontram-se detalhes a respeito de outra Colônia Espiritual: o Instituto de Renovação Almas Irmãs:

> Belino Andrade começou dizendo que pisáramos num hospital-escola de suma importância para os candidatos à reencarnação. Os internados ou estudantes vinham, em sua maioria, de instâncias purgatoriais, após alijarem as consequências mais imediatas dos vícios e paixões aviltantes, por eles acalentados no plano físico. [...] entravam naquele pouso de refazimento para estações mais ou menos longas de estudo e meditação pesquisando as causas e observando os efeitos das quedas de natureza afetiva em que se haviam precipitado. [...] Belino comparou as finalidades do educandário aos centros de cultura superior [...] e confrontou a arena terrestre com a esfera da prática, em que alunos diplomados são impelidos às experiências e aos encargos que lhes fixam o mérito ou demérito [...] e muitos companheiros do "Almas Irmãs" se corporificavam na Terra com programas domésticos preestabelecidos, de maneira a hospedarem com os seus próprios recursos genésicos os colegas afins. Dali, do estabelecimento, esses colegas, que lhes indicavam na posição de filhos

24 KARDEC, Allan. *A Gênese.* Editora EME: Capivari/SP, 2020, p. 277-281.

para o futuro, os resguardavam e defendiam, até a ocasião em que lhes fosse possível mergulhar no berço terreno, constituindo-se dessa forma, famílias inteiras, em edificações e provas redentoras[...] consagradas à regeneração e ao progresso da alma, nas esferas de ação espiritual que circundam a Terra [...] Aquele hospital-escola qualificava-se, desta maneira, na condição de posto-avançado da espiritualidade construtiva, sustentando permanente contato com a vida humana".[25]

Assim como esta, há várias escolas, instituições, postos de socorro e de atendimento do Espírito que se prepara para retornar. A Providência Divina está sempre atenta a oferecer recursos para o crescimento do ser e é imensa a mobilização do Mundo Espiritual para que o Espírito recomece a sua jornada com planos compatíveis com a evolução, recebendo incentivos por meio do planejamento, a fim de reabilitar-se perante a própria consciência e, quando possível, o alistamento nos postos de colaboradores da Esfera Maior. Ninguém está desamparado! O Espírito Emmanuel, no livro *Pão Nosso*, informa que *"a Casa do Pai é muito mais generosa que qualquer figuração de magnanimidade apresentada até agora no mundo, pelo pensamento religioso"*.[26]

25 XAVIER, Francisco Cândido. *Sexo e Destino*, pelo Espírito André Luiz. 22ª ed. FEB: Brasília/DF, 1999, p. 267.

26 XAVIER, Francisco Cândido. *Pão Nosso*, pelo Espírito Emmanuel. 16ª ed. FEB: Rio de Janeiro/RJ, 1994, p. 92.

Capítulo 7

O que acontece após a preparação nas Colônias Espirituais? Como se explicam as sutilezas da vida intrauterina?

As informações de André Luiz trazidas no item anterior, orientam quanto às inúmeras possibilidades de direcionar novos caminhos. Situa-se o Espírito como se estivesse numa grande escola, com vários segmentos e, em cada um deles, há a possibilidade de cursar disciplinas eletivas, pois, cada um tem seu caminho e nele tem uma série de oportunidades. Há alunos mais atentos, outros mais dispersos; há os que seguem sem repetências e os que repetem um ano e há ainda aqueles que seguem mais devagar. Existem os que não conseguem permanecer na escola por dificuldades na aprendizagem ou por indisciplina, necessitando trocar de escola, mas, com vontade e determinação, ele vai construindo sua jornada evolutiva.

Para bem entender essa situação, há uma série de perguntas em *O Livro dos Espíritos* que são muito valiosas. Destacamos a questão 354, na qual Kardec pergunta aos Imortais como se explica a vida intrauterina e recebe seguinte resposta: *"É a da planta que vegeta. A criança vive vida animal. O homem tem a vida vegetal e a vida animal que, pelo seu nascimento, se completam com a vida espiritual"*.[27]

Há, ainda, importantes referências e informações nos textos que seguem, complementando o que assinalou Kardec. Comecemos com o Espírito André Luiz em *Entre a Terra e o Céu*:

> A mulher grávida, além da prestação de serviço orgânico à entidade que se reencarna, é igualmente constrangida a suportar-lhe o contato espiritual, que sempre constitui um sacrifício quando se trata de alguém com escuros débitos de consciência. A organização feminina, durante a gestação, sofre verdadeira enxertia mental. Os pensamentos do ser que se acolhe ao santuário íntimo, envolvem-na totalmente, determinando significativas alterações em seu cosmo biológico. Se o filho é senhor de larga evolução e dono de elogiáveis qualidades morais, consegue auxiliar o campo materno, prodigalizando-lhe sublimadas emoções e convertendo a maternidade, habitualmente dolorosa, em estação de esperanças e alegrias intraduzíveis. [...]Aquele hospital-escola qualificava-se. desta maneira, na condição de posto-avançado da espiritualidade construtiva,

27 KARDEC, Allan. *O Livro dos Espíritos,* tradução de Guillon de Ribeiro. Editora Letra Espírita: Campos dos Goytacazes/RJ. 2022, p. 161.

sustentando permanente contato com a vida humana.[28]

Vemos aqui uma situação em que a mãe, de uma maneira equilibrada, tem condições de colaborar com o Espírito reencarnante, enviando-lhe boas vibrações. Mas nem sempre é assim e, por isso, André Luiz continua:

> Quando o futuro filho não se encontra suficientemente equilibrado diante da Lei, e isso acontece quase sempre, a mente maternal é suscetível de registrar os mais estranhos desequilíbrios, porque, à maneira de um médium, estará transmitindo opiniões e sensações da entidade que a empolga.[29]

Acompanhando esta informação, fica-nos a expressão *enxertia mental*. Que grande simbiose existe neste processo em que mãe e filho passam 9 meses enlaçados numa programação Divina! As alterações de humor, de emoções de alegria ou de angústia durante esse período têm como pano de fundo a aproximação de Espíritos amigos ou adversários ou, ainda, resquícios de variadas situações armazenadas no psiquismo de ambos, mãe e filho, e na triangulação com o pai e/ou familiares desde época passadas. Trata-se de grande segredo que nos emociona e ajuda a valorizar esse período de vida e o Espiritismo chegou rasgando o véu que encobria essas verdades.

---

28 XAVIER, Francisco Cândido. *Entre a Terra e o Céu*, pelo Espírito André Luiz. 12ª ed. FEB: Brasília/DF. 1988, p. 267.

29 Idem.

O Espírito Camilo, por meio da psicografia de Raul Teixeira, também oferece orientações sobre o tema, confirmando os laços Espirituais existentes entre pais e futuros filhos, mas, dá destaque para a tarefa materna, cujo útero - Casulo Divino - vai albergar esse ser em vias de recomeço na Terra. O texto do livro *Desafios da Educação*, apresenta a visão espiritual desse sublime momento na mensagem intitulada *Celeste Parceria*:

> Dos mais belos momentos da vida planetária, destaca-se aquele em que se une um casal a fim de permitir o retorno à carne de outro filho de Deus. Intensas energias se mobilizam nessa tarefa nas mãos do Sublime Alquimista! [...] Como será o futuro corpinho? Que elementos genéticos se expressarão para determinar o alcance da hereditariedade? O que estará em jogo para que um corpo são ou deficitário venha ao mundo corpóreo, na condição de casulo, de vivenda carnal ou escafandro, permitindo ao espírito mover-se, aprender e evoluir nesse mar de águas profundas e perigosas chamado vida terrena?[...] Quando se movimentam providências propiciatórias à reencarnação de algum espírito, este começa uma atividade de sensibilização dos futuros pais, o que pode se dar em nível consciente - o espírito sabe o que faz e porque o faz - ou em nível inconsciente- para desencarnados sem a necessária lucidez para se manterem à corrente de tudo [...] A simples presença do espírito envolvendo o ambiente

> em que renascerá, estabelece formação de um campo próprio, que chamaria de campo psíquico, no qual todo o grupo familiar fica mergulhado, o qual impõe sua influência sobretudo, involuntariamente [...] Como os pais oferecem aos filhos tão somente o corpo de carne, esses viajores do Infinito vão conseguindo aqui ou ali, o veículo mais apropriado ao seu adiantamento.[30]

Continua o Amigo Espiritual Camilo esclarecendo à indagação se: "*em toda a fase da gestação, o espírito reencarnante é passível de sofrer influências educativas*"?[31]

> Em toda fase da gestação a entidade reencarnante recebe as influências que lhe chegam de todo o conjunto de coisas a sua volta. Desde o psiquismo equilibrado ou perturbado das pessoas que mais intimamente dela se acercam, até os estresses motivados pela excitação ambiental, tudo é capaz de atuar sobre o bebê, promovendo-lhe bem-estar ou tormentos de difícil classificação.[32]

> Na continuidade, outras perguntas lhe são feitas sobre o período da gestação, no sentido de saber se a mãe deve dialogar frequentemente com o reencarnante ainda no ventre, acariciando-o, e se haveria alguma

---

30 TEIXEIRA, Raul. *Desafios da Educação*, pelo Espírito Camilo. Fráter: Niterói/RJ. 1995, p. 73,74 e 76).

31 TEIXEIRA, Raul. *Desafios da Educação*, pelo Espírito Camilo. Fráter: Niterói/RJ. 1995, p. 73,74 e 76).

32 TEIXEIRA, Raul. *Desafios da Educação*, pelo Espírito Camilo. Fráter: Niterói/RJ. 1995, p. 73,74 e 76).

vantagem dessa atitude. "A carícia no ventre da mãe grávida - responde o mentor - tem uma vantagem: os reencarnantes recebem essas emissões de ternura como mensagens de boas-vindas, o que lhes facilita o bom desempenho durante a gestação, renascendo crianças tranquilas, mansas, porque foram esperadas com amor".[33]

A informação do Autor Espiritual permite aclarar o significado do período de gravidez, um tempo mágico de aproximação das almas, oferecendo-nos detalhes significativos para o entendimento a respeito da complexidade do tema gestação, a ligação espiritual entre pais e filhos, especialmente as mães, que acalentam esses pequeninos em seu ventre. Durante esta fase, 2 seres, amigos ou não, se aproximam, trocam impressões, choram e fortalecem os laços.

Como esse tema tem grande importância no contexto da educação, incluímos outras duas informações que ajudam a alicerçá-lo. A primeira é de Emmanuel, no livro *Pensamento e Vida*, na mensagem Berço:

> Todo berço de agora retrata o ontem que passou [...] pelo transe da morte física, regressamos à Vida Maior com a soma de realizações que nem sempre são aquelas que devêramos efetuar. Em muitas circunstâncias, as

33 TEIXEIRA, Raul. *Desafios da Educação*, pelo Espírito Camilo. Fráter: Niterói/RJ. 1995, p. 73,74 e 76).

imagens trazidas da permanência na carne são fantasmas temíveis, nascidos de nossas próprias culpas, exigindo reajuste e pagamento, a modelarem para os nossos sentidos o inferno torturante em que se nos revolvem as queixas e aflições. Eis, porém, que a Justiça Fiel, por misericórdia, nos concede o retorno para a bênção do reinício. Retomamos assim, através do berço, o contato direto com os nossos credores e devedores para a liquidação dos débitos que contraímos, cujo balanço efetivo jaz devidamente contabilizado nas Leis Divinas. É dessa maneira que comumente renascemos na Terra, segundo as nossas dívidas ou conforme as nossas necessidades, assimilando para esse fim a essência genética daqueles que se nos afinam com o modo de proceder e ser. Em verdade, por vezes, abnegados corações, cultivando a leira do amor pelo sacrifício, trazem a si corações desditosos, guardando transitoriamente, nos braços, monstruosas aberrações que destoam do elevado nível em que já se instalaram; contudo, devemos semelhantes exceções ao espírito de renúncia com que fazem emergir das regiões infernais velhos laços afetivos, distanciados no tempo, usando o divino atributo da caridade... Nosso berço no mundo é o reflexo de nossas necessidades, cabendo a cada um de nós, quando na reencarnação, honrá-lo com o trabalho digno de restauração, melhoria ou engrandecimento, na certeza de que a ele fomos trazidos ou atraídos, segundo os problemas da regeneração ou da mordomia de que carecemos na recomposição de nosso destino, perante o futuro.[34]

O outro texto que nos serve de base nesta questão encontra-se em *Missionários da Luz*, na qual o Instrutor Alexandre informa a André Luiz:

> O organismo dos nascituros, em sua expressão mais densa, provém do corpo dos pais, que lhes entretêm a vida e lhes criam os caracteres com o próprio sangue; [...] a criatura terrena herda tendências e não, qualidades. As primeiras cercam o homem que renasce, desde os primeiros dias de luta, não só em seu corpo transitório, mas também no ambiente geral a que foi chamado a viver, aprimorando-se; as segundas resultam do labor individual da alma encarnada, na defesa, educação e aperfeiçoamento de si mesma nos círculos benditos da experiência. Se o Espírito reencarnado estima as tendências inferiores, desenvolvê-las-á, ao reencontrá-las dentro do novo quadro de experiência humana, perdendo um tempo precioso e menosprezando o sublime ensejo de elevação. Todavia, se a alma que regressa ao mundo permanece disposta ao serviço de auto elevação, sobrepairará a quaisquer exigências menos nobres do corpo ou do ambiente, triunfando sobre as condições adversas e obtendo títulos de vitória da mais alta significação para a vida eterna. Em

---

34 XAVIER, Francisco Cândido. *Pensamento e Vida*, pelo Espírito Emmanuel. FEB: Brasília/DF. 1975, p. 29-30.

> sã consciência, portanto, ninguém se pode queixar de forças destruidoras ou de circunstâncias asfixiantes, em se referindo ao círculo onde renasceu. Haverá sempre, dentro de nós, a luz da liberdade íntima indicando-nos ascensão. Praticando a subida espiritual, melhorando sempre. Esta é a lei.[35]

Revendo as palavras do Instrutor Alexandre, entendemos o significado do retorno à experiência carnal, a beleza deste momento e a necessidade que terá o Espírito de viver em certos ambientes, pedido que ele próprio consentiu no exame de suas necessidades reencarnatórias, bem como o esforço necessário para fortalecer os propósitos de uma vida que leve à ascensão espiritual. E com Emmanuel entendemos as questões de vinculação e desvinculação e a ligação espiritual entre pais e filhos.

Continuando nossas reflexões, pode-se então concluir a partir das informações colhidas com o Dr. Ricardo di Bernardi, em *Gestação, Sublime Intercâmbio,* que:

> O bebê que hoje pulsa seu coração no interior da mamãe não pode mais ser visto como um simples aglomerado de células e moléculas, tampouco como uma alma recém-criada e sem passado. Também, não é um estranho no ninho. Há toda uma dinâmica envolvendo a escolha

35 XAVIER, Francisco Cândido. *Missionários da Luz,* pelo Espírito André Luiz. 19ª ed. FEB: Brasília/DF, 1986, p. 220.

dos pais antes do renascimento.[36]

Este mesmo autor ainda explica o que ocorre, do ponto de vista espiritual, no processo de fecundação:

> No momento da fecundação, milhões de átomos e moléculas das duas células - masculina e feminina - entram em fervilhante atividade organizada: uma verdadeira explosão de fenômenos ocorre numa maravilhosa orquestração regida pela sabedoria universal. As moléculas do corpo espiritual do espírito reencarnante, entram por assim dizer, na intimidade da célula ovo - inicia-se neste instante a reencarnação em termos físicos.[37]

Estas informações levam a um posicionamento diferente no que se refere ao momento da gestação, pois estruturas sutis e resoluções cuidadosamente organizadas pela Divina Providência, embalam o berço de quem vai chegar. Esse conteúdo clarifica o entendimento e permite refletir sobre a questão do abortamento, quando autoridades médicas se esforçam para dizer que são favoráveis ao aborto ou quando as algumas pessoas apontam para o fato de poderem decidir a respeito do seu próprio corpo. Mais adiante voltaremos com esse tema.

Continuando estas anotações, em *O Livro dos Espíritos*, na

---

36 BERNARDI, Ricardo de. *Gestação, sublime intercâmbio*. 5ª ed. Intelítera: São Paulo/SP. 2010. p. 46.

37 BERNARDI, Ricardo de. *Gestação, sublime intercâmbio*. 5ª ed. Intelítera: São Paulo/SP. 2010. p. 46.

questão 340, Kardec questiona os Espíritos Imortais quanto à importância da reencarnação e, após a resposta dos Espíritos, escreve em seus comentários:

> Sabe que reencarnará, como o homem sabe que morrerá. Mas, como este com relação à morte, o Espírito só no instante supremo, quando chegou o momento predestinado, tem consciência de que vai reencarnar. Então, qual do homem em agonia, dele se apodera a perturbação que se prolonga até que a nova existência se ache positivamente encetada. À aproximação do momento de reencarnar sente uma espécie de agonia.[38]

Seguindo o esclarecimento, temos a resposta à questão 351, onde Kardec questiona se os Espíritos gozam de todas as suas faculdades do início do fim da gravidez, ao que eles respondem:

> Mais ou menos, conforme o ponto em que se ache, dessa fase, portanto ainda não está encarnado, mas apenas ligado. A partir do instante da concepção, começa o espírito a ser tomado de perturbação, que o adverte de que soou o momento de começar nova existência corpórea. Essa perturbação cresce de contínuo até o nascimento. Neste intervalo, seu estado é quase idêntico ao de um espírito encarnado durante o sono. À medida que a hora do nascimento se aproxima, suas ideias se

38 KARDEC, Allan. *O Livro dos Espíritos*, tradução de Guillon Ribeiro. Editora Letra Espírita: Campos dos Goytacazes/RJ. 2022, p. 159.

> apagam, assim como a lembrança do passado do qual deixa de ter consciência da condição de homem, logo que entra na vida. Essa lembrança, porém, lhe volta pouco a pouco ao retornar ao estado de Espírito.[39]

Nas discussões a respeito dos direitos da mulher, da liberdade para usar o corpo e decidir sobre o aborto, uma das falas, ou a mais geral delas, é que a mulher é dona do seu corpo. Todos somos donos desta estrutura fantástica que recebemos nesta vida. Fazendo um comentário extra, podemos questionar qual obra é mais perfeita que o corpo? Como explicar a estrutura dos órgãos, algo que ninguém pode reproduzir com tamanha perfeição? Conversando com os amigos que atuam no Grupo de Defesa da Vida, ficou claro, quando explicam e mostram a estrutura do feto, o fenômeno da multiplicação das células e a formação dos órgãos que naquele minúsculo ser já traz todas as condições internas para crescer. É fantástico! Fechando o parêntese e continuando aquele raciocínio, a direção do nosso pensamento vai para o seguinte fato: quando se agasalha no corpo um outro corpo muito frágil, que já se aninhou no espaço do útero, o que se sabe é que já houve uma decisão do reencarnante: "preciso nascer, deixem-me viver"!

À luz do Espiritismo, tudo se aclara e pode-se entender o lamento dos Espíritos nas reuniões mediúnicas. Numa delas, no Centro Espírita Jorge Niemeyer, no Rio de

39 KARDEC, Allan. *O Livro dos Espíritos*, tradução de Guillon Ribeiro. Editora Letra Espírita: Campos dos Goytacazes/RJ. 2022, p. 161.

Janeiro, ouvimos o seguinte depoimento: "nós já tínhamos combinado, eu ia ajudá-la a superar as dificuldades de uma vida em que meu pai nos abandonaria". Num outro Centro Espírita localizado no bairro de Lins de Vasconcelos, no Rio de Janeiro, que realiza reuniões mediúnicas dirigidas aos seres reencarnantes, registramos vários depoimentos: "estou em desconforto, minha mãe briga muito, é uma gritaria". Um outro amigo disse: "eu vim agradecer a nossa união. Eu não fazia fé, não compreendia o porquê desta nova vida, mas minha mãe passou a frequentar um lugar que tem ajudado muito". Estes e tantos outros depoimentos, ouvimos dos que naquele espaço, eram acolhidos carinhosamente por Equipes Espirituais que têm por missão ajudar o Espírito neste período tão importante de sua vida. Foi uma experiência enriquecedora participar daquelas reuniões.

Ah! A beleza das reuniões mediúnicas que nos ajudam a consolidar o entendimento desses processos espirituais! Ouvindo estes e tantos outros depoimentos dos Espíritos, confirmamos a complexidade desta temática. São assuntos que devem ser tratados com todo cuidado e carinho, pois mostram uma realidade distante daquilo que acreditávamos. Importa enfatizar o cuidado que as famílias deveriam ter com relação à educação sexual. Não podemos nos esquecer que este é um programa indispensável à saúde física, psíquica e espiritual do ser humano, especialmente na faixa da puberdade e adolescência. É um assunto de saúde pública, de educação e que precisa estar ao alcance de todos.

É importante fazer referência a uma amiga desencarnada

há pouco, médica obstetra e espírita que se dedicou a oferecer esses conteúdos a jovens espíritas em suas reuniões semanais. Maria Élide Capobianco, nossa mestra, realizou vários cursos e seminários sobre esta questão. Onde quer que ela se encontre, expresso aqui a nossa gratidão pela disponibilidade e singeleza na ação espírita.

Capítulo 8

Quem são esses amigos que participam do processo de nova reencarnação?

Dando sequência à questão da reencarnação, voltamos às informações do Dr. Bernardi, que esclarece:

> Espíritos ligados entre si requerem uma situação de terapêutica, que muitas vezes só encontra solução adequada pela anestesia do passado, apagando-se temporariamente as lembranças perturbadoras, mediante nova reencarnação. Mas a reencarnação se tornará realmente eficaz, na sua função educadora, mantendo os dois envolvidos próximos, criando-se condições para que haja um vínculo de amor entre ambos. [...] Ao renascerem sob o mesmo teto, no templo do lar, pelo instituto divino da reencarnação, anestesiados pela sábia lei do esquecimento do passado, eles aprenderão a se perdoar e amar.[40]

Um pouco mais adiante o autor passa a tecer comentários sobre a assistência espiritual que é dada ao Espírito que vai

40 BERNARDI, Ricardo de. *Gestação, sublime intercâmbio.* 5ª ed. Intelítera: São Paulo/SP. 2020, p. 49-50.

renascer e à família que o acolherá:

> Uma vez tendo escolhido os pais, inicia-se uma laboriosa assistência espiritual às pessoas mais envolvidas com o processo reencarnatório: pai, mãe e filho... Os mentores espirituais procuram constantemente intuir para as decisões mais equilibradas e saudáveis, que refletirão no ser que se prepara para voltar ao convívio dos encarnados.[41]

Mais uma vez recorremos a Vilma Macedo, a Tia Vilma, que compôs quase 700 músicas com conteúdo doutrinário utilizado nas aulas de evangelização. O repertório encontra-se no site do DIJ-FEB[42]. Uma delas retrata esse momento especial:

> Família:
>
> Agora, que nós estamos juntos outra vez,
> vamos nos amar, vamos dar as mãos,
> agradecendo em preces a Deus,
> a oportunidade que nos deu!
> A primeira escola na Terra é o lar!
> Amigos e inimigos aí se vão encontrar/
> Na bênção da lei da reencarnação/
> aprendem que são todos irmãos./

---

41 BERNARDI, Ricardo de. *Gestação, sublime intercâmbio.* 5ª ed. Intelítera: São Paulo/SP. 2020, p. 53.

42 Disponível em: www.febnet.org.br.

Agora que... (bis)
Por nossa família assim se formar
esquecidos do passado/ novo corpo lar
Até que vivamos juntos a suprema lei
Amai-vos uns aos outros, como sempre vos amei...
amai-vos uns aos outros como sempre vos amei!

No texto demonstrado e que confirma outros já apresentados, são reforçados os aspectos referentes ao processo educativo, ou seja, a necessidade do casal de futuros pais estabelecerem um programa de educação baseado em valores morais desde o berço. Recordamos que dona Benedita Fernandes, no poema apresentado no início deste livro, enfatizou a questão do exemplo.

Lembramo-nos das primeiras palavras de Hermínio Miranda, admirável escritor espírita desencarnado há pouco tempo, que relatou em seu livro *Nossos Filhos são Espíritos* que ao colocar no colo sua filhinha que tinha acabado de nascer, assim se expressa: "*aproximei-me do pequeno embrulho sobre a cama para olhar de perto minha filha [...] havia um pouco de mim naquele tépido bolinho de gente*[43]"? O entendimento que agora temos é de que devemos fazer um plano para atender ao pequenino que chega. Meu amigo Marcelo, um evangelizador, ao saber que sua esposa estava grávida, a

43 MIRANDA, Hermínio. *Nossos Filhos são Espíritos.* 5ª ed. Lachâtre: Niterói/ RJ, 1995, p. 09-11.

partir do momento em que o resultado do exame confirmou a existência de alguém naquele casulo abençoado, começou a lhe contar histórias e cantar as músicas da evangelização. Aquele bebê iniciou a sua jornada recebendo as lições do Evangelho e, quando nasceu, identificava a voz do pai, como se dissesse: "essa voz eu conheço".

Alguém pode estar pensando: "eu nem sei quem vem". Nesta hora voltam-se os pensamentos e sentimentos para as informações contidas neste livro. Embora ainda haja muito a se estudar, é claro que se não se sabe quem vem, sabe-se que alguém retorna para um nobre destino. Por isso, a necessidade de proporcionar um ambiente aconchegante às crianças que chegam, independentemente de suas condições, donos de corpinhos sadios ou não, a fim de que cheguem tranquilas na certeza de que há um grupo acolhedor de encarnados e desencarnados que as aguardam com alegria.

Nas conversas com os pais grávidos é importante sugerir que conversem com o feto demonstrando seu contentamento em recebe-lo e que chegam para alegrar toda a família. Sabemos que eles costumam responder com movimentos na barriga da mãe. Essa conversa é uma atitude que deve ser tomada mesmo que o grupo familiar pense que aquele não era o melhor momento de receber o bebê, ou naqueles casos em que eles cheguem a partir de condições extraordinárias. Àqueles que julgam não haver alguém naquele espaço, fica a reflexão: "vão precisa pensar muito".

O planejamento para retornar ao corpo material envolve um significativo processo no qual atuam vários colaboradores e tarefeiros interessados no futuro daquele ser. Há um aparato especial que tem como objetivo auxiliar aquele Espírito a se instrumentalizar para a nova vida. As questões feitas por Kardec e que são apresentadas a seguir, ajudam a clarificar o tema:

> 167 - Qual o fim objetivado com a reencarnação? Expiação, melhoramento progressivo da Humanidade. Sem isto, onde a justiça?[44]
>
> 330 - Sabem os espíritos em que época reencarnarão? Pressentem-na, como sucede ao cego que se aproxima do fogo. Sabem que têm de retomar um corpo, como sabeis que tendes de morrer um dia, mas ignoram quando isso se dará.[45]
>
> 330. a) - Então a reencarnação é uma necessidade da vida espírita, como a morte o é da vida corporal? Certamente, assim é.[46]
>
> 335 – Cabe ao Espírito a escolha do corpo em que encarne, ou somente a do gênero de vida que lhe sirva de prova? Pode também escolher o corpo, porquanto

44 KARDEC, Allan. *O Livro dos Espíritos,* tradução de Guillon Ribeiro. Editora Letra Espírita: Campos dos Goytacazes/RJ. 2022, p. 102.

45 KARDEC, Allan. *O Livro dos Espíritos,* tradução de Guillon Ribeiro. Editora Letra Espírita: Campos dos Goytacazes/RJ. 2022, p. 157.

46 Idem.

> as imperfeições que esse apresente ainda serão, para o Espírito, provas que lhe auxiliarão o progresso, se vencer os obstáculos que se lhe oponha.[47]

Sobre este importante tema, anotamos depoimentos de alguns Espíritos que foram acolhidos em nossas reuniões de socorro espiritual. De início, manifestam-se contrários ao retorno à experiência carnal justamente porque sabem as situações que precisarão passar e sentem-se desencorajados. Numa dessas reuniões, o Espírito dizia que não queria voltar naquela família, pois eles não saberiam ajuda-lo a trabalhar sua preguiça. Reconhecia o Espírito que precisava fortalecer alguns valores para o seu crescimento.

Há outra pergunta importante: e se for constatada a anencefalia? Buscando esclarecer este tema, Dr. Ricardo di Bernardi oferece a seguinte explicação, em um artigo intitulado *Anencéfalo e abortamento*: *"inicialmente lembramos que o anencéfalo, embora seja considerado sem cérebro, na realidade é portador de um segmento cerebral, estando faltantes regiões do cérebro que impossibilitarão sua sobrevivência pós-parto"*.[48]

Neste artigo, o autor traz o relato de um caso que demonstra o que se passa com o Espírito reencarnante na condição de anencéfalo. Ele o apresenta, acrescentando que os

---

47 KARDEC, Allan. *O Livro dos Espíritos,* tradução de Guillon Ribeiro. Editora Letra Espírita: Campos dos Goytacazes/RJ. 2022, p. 158

48 BERNARDI, Ricardo. *Anencéfalo e Abortamento.* Disponível em: http://www.espiritualidades.com.br/Artigos/B_autores/BERNARDI_Ricardo_tit_Anencefalo_e_Abortamento.htm. Acesso em: 17/03/2023.

dados foram obtidos a partir de uma condição mediúnica. Segue o diálogo entre esse Espírito e o esclarecedor:

— Quero agradecer a papai e mamãe todo o amor que me dedicaram durante a gravidez, sim, eu era aquele anencéfalo.

— Mas você está linda agora.

— Graças às energias de amor recebidas, graças ao Evangelho no Lar, que banharam meu corpo espiritual durante todo aquele tempo.

— Como se operou esta mudança?

— Tive permissão para esta mensagem pelo alcance que a mesma poderá ter a outras pessoas. Eu possuía meu corpo espiritual muito doente, deformado pelo meu passado cheio de equívocos. Fui durante nove meses envolvida em luz. Uma verdadeira cromoterapia mental que gradativamente passou a modificar meu corpo astral (perispírito). Os diálogos que meus pais tiveram comigo foram uma intensa educação pré-natal que muito contribuíram para meu tratamento. Eu expiei, no verdadeiro sentido da palavra. Expiar é como expirar, colocar para fora o que não é bom. Eu drenei as minhas deformidades perispirituais para meu corpo físico e fui me libertando das minhas deformidades. Como meus pais foram generosos! Meu amor por eles será eterno.

— Por que estás na forma de uma criança, já que te expressas tão inteligentemente?

> — Porque estou em preparo para o retorno. Dizem meus instrutores que tenho permissão para informar. Meus pais têm o merecimento de saber. Devo renascer como filha deles, normal, talvez no próximo ano.
>
> Após dois anos renasceu Shirley, que hoje é uma linda menina de olhos verdes e cabelos castanhos, espírito suave e encantador.[49]

No início de nossa conversa registramos que a Mentora Joanna de Ângelis afirma que *"à luz do Espiritismo equacionam-se problemas*[50]*"*. Que ventura ter em mãos esses ensinamentos que nos permitem um outro olhar para tudo que existe em torno de nós! Como entender essas anomalias, senão pelo fulcro penetrante da Doutrina que esclarece que se vive aqui para cumprir um determinado programa, já acertado pela maioria de nós antes de reencarnar?

Reforçando essa ideia, encontra-se em *O Céu e o Inferno*, um farto material. Esse capítulo começa com o caso de Marcel, o menino do n ° 4, que é evocado e relata suas dores. Logo em seguida, esclarece-se:

> Vós me chamastes e eu vim fazer com que minha voz se estenda para além deste recinto, a fim de tocar to-

---

49 BERNARDI, Ricardo. *Anencéfalo e Abortamento.* Disponível em: http://www.espiritualidades.com.br/Artigos/B_autores/BERNARDI_Ricardo_tit_Anencefalo_e_Abortamento.htm. Acesso em: 17/03/2023.

50 FRANCO, Divaldo Pereira. *À Luz do Espiritismo,* pelo Espírito Vianna de Carvalho. Leal: Salvador/BA, 1968, p. 5

> dos os corações. Que seu eco se faça ouvir na solidão, lembrando a todos que a agonia da Terra é prenúncio das alegrias do céu e que o sofrimento é apenas a casca amarga de um fruto delicioso que dá coragem e resignação. Ela lhes dirá que sobre o catre da miséria estão os enviados de Deus, cuja missão é ensinar à humanidade que não há dor que não se possa suportar com a ajuda do Todo-Poderoso e dos bons Espíritos. Minha voz lhes dirá ainda que escutem os lamentos que se misturam às preces e que lhes compreendam a harmonia piedosa, tão diferente do coro da reclamação mesclada à blasfêmia.[51]

Embora seja doloroso vivenciar uma experiência como esta, é mais compreensível a situação quando clareada por Instrutores Espirituais que, amigos da Humanidade, vêm ajudar a coletividade que ainda sofre.

---

51 KARDEC, Allan. *A Gênese*. Editora EME: Capivari/SP. 2019, p. 272.

Capítulo 9

Quem é esse Espírito?

O livro *Nossos Filhos são Espíritos*, de Hermínio Miranda, traz uma série de informações muito relevantes para o nosso aprendizado:

> Afinal quem são nossos filhos, o que representamos nós na vida deles, além do simples relacionamento pais/filhos? [...] Elas não herdam características psicológicas, como inteligência, dotes artísticos, temperamento, bom ou mau gosto, simpatia ou antipatia, doçura ou agressividade. Cada ser é único em sua estrutura psicológica, preferências, inclinações e idiossincrasias. Somente características físicas são geneticamente transmissíveis [...] Esses espíritos são almas que nos são confiados, já embalados em corpos físicos que nós mesmos lhes proporcionamos. [...] Eles já existiam antes, em algum lugar, têm uma biografia pessoal, trazem vivências e aqui aportam para reviver e não para viver. [...] Trazem em si um passado mais ou menos longo de experiências, equívocos, realizações e consequentemente um programa a executar na vida que iniciam junto de nós [...] A criança tem de refazer o reaprendizado da vida, nas condições em que renasceu. Terá de familiarizar-se

com o novo corpinho que recebeu, aprender a língua de seu povo, bem como retomar conhecimentos gerais, habilidades manuais, como desenho, escrita, manipulação de instrumentos, aparelhos, ferramentas e tudo mais. Terá enfim, de readaptar-se ao meio em que veio viver, bem como às pessoas que a cercam, como pais, irmãos, parentes, vizinhos, amigos etc., muitos dos quais pode ser até que já conheça de vidas passadas.[52]

Compreendemos então que o filho que a família recebe no lar é um ser que traz uma grande bagagem de experiências positivas e negativas, angariadas em vidas pretéritas. É este o olhar que devemos ter quando meditamos sobre quem são os nossos filhos. E, assim, continua o autor aprofundando um pouco mais sobre esta questão:

> [...] A criança é um espírito adulto, experiente, consciente, dono de um insuspeitado acervo de conhecimentos, envolvido em deliberado projeto de vida, com metas, objetivos e propostas nitidamente concebidos e programadas. É, portanto, uma pessoa preexistente e sobrevivente, conforme o Espiritismo insiste em ensinar há mais de um século e como o próprio Cristo ensinou há cerca de dois milênios. [...] É lenta, sem dúvida, nossa caminhada evolutiva e embora o espírito não regrida, como nos ensinam os que sabem de tais

52 MIRANDA, Hermínio. *Nossos Filhos são Espíritos.* 5ª ed. Lachâtre: Niterói/RJ. 1995, p. 15,16 e 20.

> coisas, podemos ter recaídas, quando as conquistas espirituais ainda não estão bem consolidadas. Com o que voltamos a cometer o mesmo tipo de equívoco, do qual já de há muito poderíamos estar livres se exercêssemos um pouco mais de autodisciplina. Não digo, pois, que "é de pequeno que se torce o pepino". [...] basta regá-lo com o orvalho do nosso afeto, evitando que predadores ou pragas o ataquem. Não há, porém, a menor dúvida de que, se temos em relação aos nossos filhos uma grave responsabilidade, cabe-nos uma quota correspondente de autoridade. Essa autoridade deve e precisa ser exercida, com amor, mas também com firmeza, sem berros e pancadaria, mas sem tibiezas.[53]

Nesta obra, Hermínio de Miranda apresenta conteúdos especiais voltados aos pais. Até pouco tempo entendia-se o momento em que a criança dava seu primeiro grito como sendo a sua chegada e nascimento no mundo. Em geral, olha-se para o bebê extasiado pelo milagre da vida e agradece-se ao Pai Celestial por esta dádiva. É mágico acompanhar o processo de multiplicação das células no útero materno, a formação do corpinho, observar alguém que, embora não se comunique verbalmente, recebe os apelos e as energias, sente e registra as emoções que o envolvem, traz indagações de sua alma, seus medos, inseguranças e programas a vencer.

---

53 MIRANDA, Hermínio. *Nossos Filhos são Espíritos*. 5ª ed. Lachâtre: Niterói/RJ. 1995, p. 158-159.

Herculano Pires, em seu livro *Pedagogia Espírita,* ao abordar assuntos sobre a pedra fundamental da pedagogia Espírita, faz a seguinte consideração:

> Como? Então uma criança inocente, ingênua, que abre os seus olhos para o mundo pela primeira vez, que aprende aos poucos as ciências do mundo, já viveu numa existência anterior, foi adulta, aprendeu muitas coisas e esqueceu-as todas? O Educando é um reencarnado![54]

A criança é o Espírito em recomeço, momentaneamente esquecido das realizações da vida pretérita, empenhada na conquista da felicidade, redescobrindo o mundo e reidentificando-se nesta nova experiência. Este Espírito tende a repetir atitudes e atividades familiares em que se comprazia antes ou por intermédio das quais sucumbiu. Tem tendências, aptidões, percepções que são lembranças inconscientes equivocadas, que renascem em forma de impressões atraentes e dominantes, assim como limitações, repulsas, frustrações, agressividade e psicoses que se constituem em impositivos construtores ou restritivos, não poucas vezes dolorosos, utilizados pelas Leis Divinas para corrigir e disciplinar o rebelde que, apesar da manifestação física em período infantil, num corpo frágil, é ainda um Espírito imperfeito!

---

54 PIRES, Herculano. *Pedagogia Espírita.* EDICEL: São Paulo/SP, 2008, p. 135.

Capítulo 10

E por que resolveu retornar? De onde vem?

Incluímos neste capítulo os depoimentos trazidos pela pesquisadora norte-americana Dra. Hellen Wambach, em seu livro *Vida Antes da Vida*, no qual ela, por meio da hipnose, leva seus pacientes a se lembrarem de vidas passadas. Trata-se de uma pesquisa interessante realizada na década de 1970 na qual, entre muitas perguntas, há a que busca entender o motivo que levou os pacientes a reencarnar no século XX. Alguns responderam que começaram a ter consciência de si mesmos e que guardavam grandes expectativas de aprendizado, de iluminação do ser que agora era visto como criatura imortal e perfectível. Outros disseram que voltaram por conta dos seres amados ainda reencarnados ou prestes a reencarnar. Há os que revelaram que desejavam reparar faltas passadas e, até mesmo, doar algo de si para alguém ou para a Humanidade[55].

Sobre os objetivos e finalidades da vida, a tônica girou em torno do:

> [...] aprendizado, ou melhor, o reaprendizado do amor

---

55 MIRANDA, Hermínio. *Nossos Filhos são Espíritos*. 5ª ed. Lachâtre: Niterói/RJ. 1995, p. 15,16 e 20.

> fraterno. Enfim, foram bem variadas as respostas, podendo ainda acrescentar que houve quem se referisse à compreensão que passou ter e que gostaria de, estabelecer um novo relacionamento com pessoas a buscar se livrar do materialismo e de uma visão muito negativa da vida, as quais causaram algum tipo de prejuízo em vidas anteriores.; e quem afirmasse que escolhei voltar no século XX para aprender a amar e a quem devo, por prejuízos que lhe causei em vidas.[56]

Com mais essas informações, confirma-se que ninguém nasce por acaso, sem querer. Há sempre um objetivo nesta vinda e mesmo que a encarnação não se volte para uma experiência de grande projeção - como ser um político, administrador, médico ou advogado -, o Espírito normalmente tem em mente a ideia de que a nova experiência carnal será valiosa para sua caminhada evolutiva. A cada viagem no processo de desenvolvimento Espiritual, o Espírito busca trabalhar certos valores como, por exemplo, desenvolver a responsabilidade de seus atos, aprender a cumprir seus deveres e lutar pela vida, viver de maneira simples, ter compromisso com horas, vivenciar a tolerância e a paciência e demais propósitos que somente ele, consigo mesmo, e guiado pelos Anjos Guardiões, pode avaliar.

Às vezes, ao olhar para determinas pessoas que passam

56 MIRANDA, Hermínio. *Nossos Filhos são Espíritos*. 5ª ed. Lachâtre: Niterói/RJ. 1995, p. 50-51.

pelo nosso caminho, pensamos: que vida inútil! Nada sabemos do significado daquela existência para aqueles irmãos! Nós ficávamos, por vezes, observando as pessoas que residiam em lugares praticamente abandonados e vivendo uma experiência de parcial isolamento, com poucos recursos e com simplicidade. Nos questionávamos sobre o motivo pelo qual aquele Espírito teria escolhido aquele tipo de vida. Concluímos que tudo tem o seu motivo.

Conhecemos um cidadão que era responsável por um sítio que ficava longe da cidade. Ele vivia sozinho e raramente alguém aparecia por lá. Questionamos se não era desagradável viver daquela forma, distante dos recursos da civilização, e ele nos respondeu: "aqui nesta solidão, neste lugar tão lindo, limpo a consciência". Registramos a resposta e nada mais acrescentamos. Em realidade, tudo tem um porquê e somente o Pai Eterno conhece o motivo desta ou daquela situação. Mas, o simples fato de refletirmos juntos já nos propicia um olhar diferenciado a respeito da existência de cada um.

Às vezes, alguém pode dizer: "minha vida não teve utilidade para alguém". Teve sim! Contribuiu para um acréscimo de experiência em sua própria vida de Espírito imortal. Mesmo na vida que o Espírito experimenta situações não tão amenas, ele leva na sua bagagem a lembrança emocional da vivência e ela foi útil para ele.

Outra informação preciosa, encontramos no livro *Devas-*

sando o Invisível, onde Yvonne do Amaral Pereira, falando sobre o grande compositor e pianista Frédéric Chopin, informa ter ele voltado à Terra reencarnando para uma experiência "*curta, humilde e apagada, mas triunfante e meritória para si próprio, depois da glória imortal com que presenteou o mundo*[57]". A partir de informações como esta, depreendemos a importância de aprender a servir, ser útil a alguém - a um vizinho, a uma criança, a alguém na rua. Há muitos modos de servir.

Estando o foco deste livro nos pequeninos, vale lembrar o quanto se pode fazer para dar atenção a eles: um olhar, um aperto de mão, um carinho, uma fala, um abraço, uma oração. Eles aprenderão a ajudar e a servir por meio do nosso exemplo! Caminhando com os pais, eles aprender a se relacionar na vida.

Para acrescentar, há pouco houve uma reportagem sobre uma comunidade de pessoas que viviam em vulnerabilidade social, mostrando um grupo de meninos de 3 anos de idade que aprendiam violino. Foi interessante acompanhar o entusiasmo com que iam para a escola de música da comunidade. Mas, como pode, meninos pobres aprendendo violino? Esse é um cenário que se torna cada vez mais comum. Que Espíritos estariam encarnados naqueles pequeninos de tão tenra idade, que escolheram aquele instrumento? Re-

---

57 PEREIRA, Yvonne do Amaral. *Devassando o Invisível*. 2ª ed. FEB: Brasília/DF, 2008, p. 68.

fletindo, podemos lembrar a conversa de Frédéric Chopin com Yvonne do Amaral Pereira pensando em sua futura trajetória como artista, pois este é "o sangue que corre em suas veias", mas, junto aos mais sofredores e pequeninos. Quem sabe?

Continuando nossos estudos, podemos imaginar-nos na presença dos Amigos Espirituais encarregados de organizar nossa programação reencarnatória. Por que preciso voltar? Como vou nascer? Com quem vou nascer? E como será esse processo? Na obra de André Luiz, *Entre o Céu e a Terra*, encontramos o Instrutor Espiritual Clarêncio, esclarecendo Hilário da seguinte forma:

> De retorno ao corpo físico, estamos invariavelmente animados de um propósito firme... seja o anseio de alijar a dor que nos atormenta, a aspiração de conquistas espirituais que nos facilitem o acesso a Vida Superior, o voto de recapitular serviços malfeitos ou o ideal de realizar grandes tarefas de amor entre aqueles que nos afeiçoamos no mundo. De modo geral, a maioria das almas que reencarnam satisfazem a fome inquietante de recomeço. Quem não atendeu com exatidão ao trabalho que a vida lhe delegou, depressa se rende ao impositivo de repetição da experiência e o surgimento na luta física aparece por bênção salvadora. Milhões de destinos se reestruturam dessa forma, qual se refaz uma grande floresta. A sementeira cresce, estimulada pelo magnetismo do solo; a existência corpórea germi-

na de novo, incentivada pelo magnetismo da carne.[58]

Eis a bênção da reencarnação que permite ao Espírito recomeçar na tentativa de aprimorar o seu desenvolvimento. E nesse sentido, continua o Instrutor trazendo clara elucidação sobre o seio materno que acolhe o Espírito:

> [...] é um vaso anímico de elevado poder magnético ou um molde vivo destinado à fundição e refundição das formas, ao sopro criador da Bondade Divina que, em toda parte, nos oferece recursos ao desenvolvimento para a Sabedoria e para o Amor. Esse vaso atrai a alma sequiosa de renascimento e que lhe é afim, reproduzindo-lhe o corpo denso, no tempo e no espaço, como a terra engole a semente para doar-lhe nova germinação, consoante os princípios que encerra. Maternidade é sagrado serviço espiritual em que a alma se demora séculos, na maioria das vezes, aperfeiçoando qualidades do sentimento.[59]

O Espírito Emmanuel, na mensagem Filhos, do livro *Pensamento e Vida*, esclarece:

> Nasce a criança, trazendo consigo o patrimônio moral que lhe marca a individualidade antes do renascimento no plano físico; no entanto, receberá os reflexos dos pais e dos mestres que lhe imprimirão à nova chapa cerebral

---

58 XAVIER, Francisco Cândido. *Entre o Céu e a Terra*, pelo Espírito André Luiz. 12ª ed. FEB: Brasília/DF, 1988, p. 177.

59 Idem

> as imagens que, em muitas ocasiões, lhe influenciarão a existência inteira. [...] As crianças confiadas na Terra ao nosso zelo são portadoras de aparelhagem neurocerebral completamente nova em sua estrutura orgânica, à feição de câmera fotográfica devidamente habilitada a recolher impressões [...] imagens corretas sobre recursos sensíveis[...] absorvendo os reflexos das mentes que a rodeiam e fixando-os em si própria, como elementos básicos de conduta. Os pequeninos acham-se desse modo, à mercê dos moldes espirituais dos que lhes tecem o berço ou que lhes asseguram a escola, assim como a argila frágil e viva ante as ideias do oleiro.[60]

É extremamente necessário que os pais e educadores tenham conhecimento disto! Os filhos captam, o tempo todo, os exemplos que veem diante de si. Os pequeninos ficam à mercê dos moldes espirituais daqueles que os educam. Essa consciência deveria tornar os pais mais prudentes e zelosos no trato com a prole.

Outro aspecto importante destacado pelo Mentor, é o equívoco no qual os pais podem incorrer ao tratar seus filhos como enfeites do coração, pois isso pode:

> Induzi-los a funestos enganos, porquanto, em se tornando ineficientes para a luta redentora, quando se lhes desenvolve o veículo orgânico facilmente se ajustam

---

60 XAVIER, Francisco Cândido. *Pensamento e Vida,* pelo Espírito Emmanuel. FEB: Brasília/DF. 1975, p. 65.

> ao reflexo dominante das inteligências aclimatadas na sombra ou na rebeldia, gravitando para a influência do pretérito que mais deveríamos evitar e temer.[61]

Desejamos acrescentar ainda, informações trazidas pelo professor Ney Lobo[62], segundo as quais os pequeninos se encontram em período que ele denomina como "graça educativa", tempo em que eles estão abertos a todo tipo de influenciação, seguindo hábitos, atitudes e sugestões daqueles que lhe orientam os passos, sem discutir. Eles não possuem desenvolvimento intelectual para discernir o que é bom e o que não é, simplesmente seguem e repetem experiências que acabam se transformando em hábitos que se incorporam à vida, sem questionamentos. Isto ocorre até o início da adolescência, a que ele chama de "idade axial", isto é, a linha do ponto de partida como base de apoio, o Espírito encarnado inicia um processo de progressiva abertura para a conquista de novas perfeições e de aprimoramento já existentes[63]. Desta forma, podemos entender que a vivência no lar fica plasmada no psiquismo do infante.

Emmanuel prossegue esclarecendo a mensagem citada anteriormente:

---

61 XAVIER, Francisco Cândido. *Pensamento e Vida,* pelo Espírito Emmanuel. FEB: Brasília/DF. 1975, p. 68.

62 Ney Correia de Souza Lobo nasceu em Curitiba em 24/7/1919. É autor de inúmeras obras entre elas *Filosofia Espírita da Educação,* em cinco volumes, publicada pela FEB. Desencarnou aos 93 anos em 28/8/2012.

63 LOBO, Ney. *Filosofia Espírita da Educação.* Vol. 1. FEB: Brasília/DF, 1989, p. 249.

> É assim, que toda criança, entregue à nossa guarda, é um vaso vivo a arrecadar-nos as imagens da experiência diária, competindo-nos, pois, o dever de traçar-lhe noções de justiça e trabalho, fraternidade e ordem, habituando-a desde cedo, à disciplina e ao exercício do bem, com a força de nossas demonstrações, sem, contudo, furta-lhe o clima de otimismo e esperança. Acolhendo-a, com amor, cabe-nos recordar que o coração da infância é urna preciosa a incorporar-nos os reflexos, troféu que nos retratará no grande futuro, no qual passaremos todos igualmente a viver, na função de herdeiros das nossas próprias obras.[64]

Buscando anotações e referências sobre este tema de tão grande importância para pais, educadores, responsáveis e demais interessados, vale a pena conhecer a mensagem a seguir, de autoria de Bezerra de Menezes - um amigo especial -, que nos alerta que tenhamos um olhar diferenciado para a infância:

> A infância é o sorriso da existência no horizonte da vida.
>
> Representa esperança que o pessimismo não pode modificar. É mensagem de amor para o cansaço no refúgio do desencanto, a fulgir no sacrário da oportunidade nova.
>
> É experiência em começo que nos compete orientar e

64 XAVIER, Francisco Cândido. *Pensamento e Vida,* pelo Espírito Emmanuel. FEB: Brasília/DF. 1975, p. 68.

conduzir.

É luz a agigantar-se aguardando o azeite do nosso desvelo.

É sinfonia em preparação [...] nota solitária que o Músico Divino utilizará na sucessão dos dias para a grande mensagem ao mundo conturbado.

Atendamos o infante oferecendo, à manhã da vida, a promessa de um futuro seguro.

Nem a energia improdutiva; nem o carinho pernicioso; nem a assistência socorrista prejudicial às fontes do valor pessoal; nem a negligência em nome da confiança no Pai de Todos; nem a vigilância que deprime; nem o arsenal de descuidos em respeito falso ao futuro homem...

Mas, acima de tudo, comedimento de atitudes com manancial farto de recursos pessoais e exemplos fecundos, porquanto, as bases do futuro encontram-se na criança de hoje, tanto quanto o fruto do porvir dormita na flor perfumada de agora.

Cuidemos do infante, oferecendo o carinho fraterno dos nossos recursos, confiados de que, um dia, seremos convidados a oferecer ao Pai Misericordioso o resultado da nossa atuação junto àquele cuja guarda escreve aos cuidados do nosso coração.[65]

---

65 FRANCO, Divaldo P. *Compromissos iluminativos*, pelo Espírito Bezerra de Menezes, Salvador: LEAL, 1990, p. 31-32.

Capítulo 11

Auto-herança e hereditariedade física. Como explicar?

Eis mais um questionamento que provoca reflexões! Buscando outras fontes de consulta, o livro *O Pensamento de Emmanuel*, de Martins Peralva, no capítulo intitulado Existe Hereditariedade Física?, ele esclarece a questão de ser o Espírito reencarnado um herdeiro de si mesmo e o restaurador do seu próprio passado, cabendo-lhe conduzir seu destino:

> Ninguém terá sadia moral simplesmente porque os pais a tenham possuído, embora saibamos que pais moralizados incutirão, na convivência exemplificadora, princípios elevados, se tiverem eles trazido, do passado aquela receptividade oriunda das conquistas anteriores. A partir da concepção, com a Alma já ligada ao futuro organismo, modela-se, inicialmente, o embrião; desenvolve-se o feto; forma-se o conjunto anatômico, enfim. Leis físicas e naturais coexistem com ascendentes espirituais, refletindo o Divino Saber e o Amor Infinito, a fim de que, de tão singular simbiose, possa surgir o corpo certo, com todos os seus complexos celulares, para o destino certo, o que equivale a dizer que recebe o Espírito, ao reencarnar, um corpo

> que corresponda em gênero, número e grau a todas as necessidades e encargos que o esperam. Durante a fase de coexistência dos princípios genéticos com as leis espirituais, Instrutores de Mais Alto interferem, profundamente, no encaminhamento da reencarnação, de maneira que ela possa alcançar os sagrados objetivos a que se destina.[66]

Depreendemos destas palavras que o Espírito recebe exatamente o que necessita para que possa evoluir na encarnação para a qual se encaminha. E prossegue o autor, baseado no pensamento de Emmanuel, elucidando a relação que existe entre a mãe e o filho que aninha em seu ventre:

> [...] Moldes mentais maternos em virtude da associação "mente materna- mente do reencarnante", influenciam a vida intrauterina do candidato ao renascimento, refletindo-se, inclusive, em seu futuro, tornando-o mais ou menos feliz. Atividades mentais e estados psicológicos - edificantes ou depressivos - da futura genitora, produzem efeitos correspondentes: alegria, ideias otimistas, tranquilidade, euforia espiritual, no primeiro caso ou tristeza, pensamentos aflitivos, angústias, contrariedades e repulsas que vão refletir, mais tarde, na conduta da criança, se não possuir potência mental

66 PERALVA, Martins. *O pensamento de Emmanuel.* 3ª ed. FEB: Brasília/DF. 1987, p. 80.

para superar tais repercussões.[67]

Aprofundando-se nos detalhes explica o motivo pelo qual muitas crianças nascem com determinadas características, como por exemplo, problemas de ajustamento à nova vida:

> [...] A criança que nasce nervosa, inquieta, assustadiça, porque fora a sua mãe durante os nove meses de gestação, uma criatura atormentada, reflete o estado mental depressivo que se transferiu, por associação, da mente materna para a sua própria. Traços físicos, que pertencem ao corpo, apresentam semelhança, entre pais e filhos, porque "o que é da carne, é carne", para lembrar o conceito evangélico. Do encontro do espermatozoide com o óvulo forma-se como se sabe, o ovo ou zigoto, onde se achará contido o patrimônio hereditário sob o ponto de vista fisiológico, de duas famílias que se aproximam espiritualmente, sob o inelutável impulso das leis de fraternidade, mas que também se entrelaçam, consanguineamente, sob o imperativo genético. E o princípio de tudo isso foi a união de duas almas, o encontro ou o reencontro, de dois jovens.[68]

Situação completamente diferente irá ocorrer, como nos esclarece o Mentor, quando a gestação é acompanhada por

---

67 PERALVA, Martins. *O pensamento de Emmanuel.* 3ª ed. FEB: Brasília/DF. 1987, p. 82.

68 PERALVA, Martins. *O pensamento de Emmanuel.* 3ª ed. FEB: Brasília/DF. 1987, p. 83.

bons Amigos Espirituais, fazendo com que a futura mãe se sinta imensamente amparada:

> [...] com esperanças indefiníveis, emoções sublimadas, euforias intimas, singular vivacidade, etc. A posição evolutiva do reencarnante responde, igualmente, pelo estado da mulher, durante os nove meses. Rixas entre os pais projetam raios magnéticos enfermiços, atingindo, prejudicialmente, a mente da criança, ainda localizada no santuário materno. Pensamentos infelizes, de irritação e cólera, envenenam o leite materno, produzindo estranhos distúrbios no lactante.[69]

O estudo criterioso do Espiritismo, baseado nas fontes doutrinárias de Allan Kardec e nos livros subsidiários, descortinam panoramas que a nossa visão material não alcança, reforçando as anotações e reflexões que estão sendo feitas no decorrer deste livro.

Além da influência espiritual, recebemos também uma herança física neste bailado divino em que os elementos de duas criaturas se unem para oportunizar a formação de um novo ser. É fantástica a movimentação dos espermatozoides a fim de alcançar o óvulo na dinâmica de formação do corpo. E apenas um, ou pouco mais que isso, consegue chegar ao final de uma corrida intensa. Cada um traz em si as condições necessárias para sua vida, projeto Divino do

---

69 PERALVA, Martins. *O pensamento de Emmanuel.* 3ª ed. FEB: Brasília/DF. 1987, p. 85.

qual ainda conhecemos bem pouco.

Em suma, todas essas anotações nos levam a perceber a grande importância das atitudes mentais daquela que vai abrigar em seu colo o Espírito reencarnante, a influência que ela exerce em seu psiquismo, bem como compreender a atuação do magnetismo da mãe amparando o pequenino ser que dela depende física e mentalmente. Há também o que diz respeito à influência de um lar harmonioso, pois, a tarefa de sustentar fisicamente o bebê é da mãe, mas a participação do parceiro é essencial.

As observações que trouxemos permitem que entendamos o papel do Anjo Guardião no acompanhamento de todo esse processo, demonstrando o cuidado e atenção com que a Providência Divina prepara um ser para sua viagem evolutiva. Os filhos estão na dependência dos pais ou de pessoas com quem ela convive, pois é por meio deles que percebem como se comportar no mundo. Na verdade, os genitores são os mapas que lhes indica a direção. Um gesto de amor, um afago, têm lugar especial na sua vida e os Amigos Espirituais nos falam do prejuízo de uma relação instável junto à criança, ambientes envoltos em brigas, maus tratos e descontrole emocional acabam gerando doenças e desequilíbrios de complexo tratamento e que se manifestam ao longo da infância.

Mais adiante, trataremos da questão da auto-herança.

Existe ainda outro fator de ordem também espiritual

que precisa ser considerado. Há crianças que apresentam quadro de perseguição espiritual ou que absorvem as energias espirituais do ambiente, muitas vezes adoecendo em decorrência desta influenciação. Mas como? Uma pequena criança sendo alvo de Espíritos obsessores? Revendo as páginas da literatura espírita, nota-se que os Amigos Espirituais informam que essa criança é portadora de um currículo oculto, isto é, tem um arquivo pouco recomendável. Ou, dito de forma mais clara, ela traz de encarnações passadas comprometimentos oriundos do convívio com outros Espíritos de ordem inferior. Reconhecendo que somos Espíritos com caminhada secular, a atual experiência encarnatória é resultado de pequenos avanços e, diante disso, podemos calcular o teor de muitas das vivências passadas. Então, voltando à questão da influenciação da criança, os inimigos do passado a alcança por processos de sintonia e, desde cedo, pode haver a perseguição. É muito comum nas reuniões de intercâmbio mediúnico, ouvir os Espíritos ameaçando: "vocês estão protegendo criminosos". A providência que se toma é a de trazê-los para o atendimento e dialogar. Após muitas conversas em várias reuniões, em geral eles são encaminhados às escolas do Plano Espiritual para recomeçarem sua trajetória e, a partir daí, é comum serem aliviados, paulatinamente, os indícios de perseguição.

Ademais, há casos em que as crianças vivem em ambientes onde a carga vibratória de emanações fluídicas é prejudicial à fragilidade do corpinho infantil, gerando irritação e, muitas vezes, males de difícil tratamento que podem, até mesmo, culminar na desencarnação. Yvonne do Amaral Pereira escreve sobre este tema no livro *Memórias de um Suicida*, em sua 2ª parte, capítulo III. Informa, assim, sobre a importância da criança ter perto de si alguém que ore e utilize a terapêutica espiritual, isto é, o poder de irradiação mental que a ajude a livrar-se da influência nefasta.[70]

70 PEREIRA, Yvonne do Amaral. *Memórias de um Suicida*, pelo Espírito Camilo Botelho. 15ª ed. FEB: Brasília/DF, 1989, p. 248.

Capítulo 12

E o esquecimento do passado. Como funciona?

No capítulo anterior houve uma referência à questão da auto-herança. Como entender isso? Já se sabe que quem nasce vem trazendo uma bagagem e esta constitui-se como a herança que todos nós carregamos. Mas, o que carregamos e como identificar?

As informações a seguir são de grande valia para o nosso estudo. Em *O Livro dos Espíritos*, ao indagar os Benfeitores Espirituais na questão 392 sobre o motivo pelo qual o Espírito encarnado perde a lembrança do seu passado, Kardec obtém a seguinte resposta: "*Não pode o homem, nem deve, saber tudo. Deus assim o quer em sua sabedoria. Sem o véu que lhe oculta certas coisas, ficaria ofuscado, como quem, sem transição, saísse do escuro para o claro. Esquecido do passado ele é mais senhor de si*".[71]

O Espírito Emmanuel, na obra *Religião dos Espíritos*, em seu capítulo 45, confirma e aclara a questão de haver uma

71 KARDEC, Allan. *O Livro dos Espíritos*, tradução de Guillon Ribeiro. Editora Letra Espírita: Campos dos Goytacazes, 2022, p. 171.

certa prostração psíquica do Espírito nos primeiros 7 anos de vida:

> [...] Temos assim, mais ou menos três mil dias de sono induzido ou hipnose terapêutica, a estabelecerem enormes alterações nos veículos de exteriorização do Espírito, as quais, acrescidas às consequências dos fenômenos naturais de restringimento do corpo espiritual, no refúgio uterino, motivam o entorpecimento das recordações do passado, para que se alivie a mente na direção de novas conquistas. E, como todo esse tempo é ocupado em prover-se a criança de novos conceitos e pensamentos acerca de si própria, é compreensível que toda criatura sobrenade na adolescência, como alguém que fosse longamente hipnotizado para fins edificantes, acordando, gradativamente, na situação transformada em que a vida lhe propõe a continuidade do serviço devido à regeneração ou à evolução clara e simples.[72]

O Mentor Amigo orienta-nos quanto à delicada experiência do Espírito nesta fase da infância, indicando que os 3 mil dias constituem a melhor oportunidade para alterar padrões e valores que ele traz, aquelas sementes do destino às quais André Luiz se refere e que registramos no início de nossa conversa. Neste período a criança, Espírito encarnado ainda em uma frágil estrutura, é mais acessível à educação,

---

72 XAVIER, Francisco Cândido. *Religião dos Espíritos*, pelo Espírito Emmanuel. 21ª ed. FEB: Brasília/DF, 2010, p. 111.

pois tem vida dupla, isto é, tanto na erraticidade quanto no corpo, pois ele ainda não acordou nesta encarnação, deixando adormecidas as lembranças do passado, o que facilitará o seu recomeço. Assim, lembra uma pessoa no estado de prostração psíquica que não sabe o que está fazendo, nem para onde vai e nem como satisfazer às suas necessidades. Assim, vive entre as duas dimensões, a física e a espiritual. Graças a Deus!

Prossegue Emmanuel abordando a questão da auto-herança:

> [...] pouco a pouco, o espírito reencarnado retoma a herança de si mesmo, na estrutura psicológica do destino, reavendo o patrimônio das realizações e das dívidas que acumulou, a se lhe regravarem no ser, em forma de tendências inatas, e reencontrando as pessoas e as circunstâncias, as simpatias e as aversões, as vantagens e as dificuldades, com as quais se ache afinizado ou comprometido. Transfigurou-se, então a ribalta, mas a peça continua. A moldura social ou doméstica, muitas vezes, é diferente, mas no quadro do trabalho e da luta, a consciência é a mesma, com a obrigação de aprimorar-se, ante a bênção de Deus, para a luz da imortalidade.[73]

Este é um excelente tópico para ser conversado com os

---

73 XAVIER, Francisco Cândido. *Religião dos Espíritos*, pelo Espírito Emmanuel. 21ª ed. FEB: Brasília/DF, 2010, p. 112.

pais: "Não sei quem fui, mas sei que preciso caminhar". Ao olhar os pequeninos que fazem gracinhas, todos nos encantamos e aos poucos vamos aprendendo a reconhecer neles Espíritos que, se estão renascendo, têm um propósito. Voltam à vida material para que sejam ajudados em seu crescimento.

Neste período são necessários vários cuidados, não somente os de ordem material como alimentação, higiene, saúde e boa escola, mas, sem dúvida, aqueles que dizem respeito à aquisição de valores morais no cuidado com o outro, a bondade, a gentileza, e muitos outros que devem ser desenvolvidos.

Sendo assim, como não temos conhecimento sobre o Espírito que está voltando, o mais indicado é que comecemos, desde cedo, a conversar com sua alma, a dar carinho ao seu corpinho físico, a falar sobre as virtudes do Evangelho e a apresentar Deus por meio da natureza que nos circunda. Em relação a essa criança que cresce, é valioso substituir a fala comum que afirma que "devemos deixa-la a vontade e, mais tarde, quando for crescidinha, poderá ser corrigida" pela ideia de que é mais prudente tomar algumas providências e, com amor e doçura, sem gritos ou impaciência, mas com firmeza, ajudar esse ser com conversas olho no olho, aconchegando-a e moldando seu caráter, assim como na imagem apresentada por Emmanuel - plasmando boas ideias e boas palavras na cera virgem do disco que vai imprimindo a sua nova história.

Quando se fala na conversa olho no olho, convém dizer que seus efeitos são visíveis a curto e médio prazos. Alcança-se a alma da criança, que percebe e entende a orientação que se quer passar, o cuidado com sua vida e o carinho que envolve este ato. Esse é um dos bons canais de comunicação educador-educando-educador. Aliás, falando sobre este assunto, sugerimos a leitura do volume I da obra *Filosofia Espírita de Educação*, do professor Ney Lobo, quando ele o aborda no capítulo intitulado Quem é o Educando?

O bebê entende a mensagem que se precisa passar e, por isso, é interessante tomar conhecimento sobre a proposta de trabalho voltada à evangelização de bebês. Embora tão pequenos, é possível acompanhar o interesse deles pela atividade, assim como os bons resultados que este trabalho vem conquistando. São práticas que, de fato, orientam e transformam e, assim, sugerimos ao leitor que conheça dos depoimentos dos pais, conforme nos orientam Cíntia Vieira e Sheila Passos[74]. Além disso, segundo informações de neuropediatras, inúmeras pesquisas apresentaram resultados excelentes com relação ao comportamento dos bebês que, desde cedo, têm incentivada a sua capacidade de desenvolver habilidades e de aprender.

---

74 Evangelizadoras que, em Goiás e em Minas Gerais, respectivamente, desenvolvem, há mais de dez anos, evangelização de bebês. No vídeo "A gênese do bebê", Cintia Vieira trata desse assunto. Disponível em: https://www.youtube.com/watch?v=YG9bwIzB-78 acesso em: 11 dez. 2021.

Considerando que esses registros mudam o nosso modo de agir com esses pequeninos, é bom reforçar o entendimento com outras preciosas informações sobre o tema. Allan Kardec em *O Livro dos Espíritos*, nos comentários que faz à questão 385, declara:

> Com efeito, ponderai que nos vossos lares possivelmente nascem crianças cujos Espíritos vêm de mundos onde contraíram hábitos diferentes dos vossos, e dizei-me como poderiam estar no vosso meio esses seres, trazendo paixões diversas das que nutris, inclinações, gostos, inteiramente opostos aos vossos; como poderiam enfileirar-se entre vós, senão como Deus o determinou, isto é, passando pelo tamis da infância? Nesta se vêm confundir todos os pensamentos, todos os caracteres, todas as variedades de seres gerados pela infinidade dos mundos em que medram as criaturas. E vós mesmos, ao morrerdes, vos achareis num estado que é uma espécie de infância, entre novos irmãos. Ao volverdes à existência extraterrena, ignorareis os hábitos, os costumes, as relações que se observam nesse mundo, para vós, novo. Manejareis com dificuldade uma linguagem que não estais acostumados a falar, linguagem mais vivaz do que o é agora o vosso pensamento.[75]

Ao compreender as informações dos Espíritos, é possível

75 KARDEC, Allan. *O Livro dos Espíritos*, tradução de Guillon Ribeiro. Editora Letra Espírita: Campos dos Goytacazes, 2022, p. 169-170).

responder a questões e situações comuns: "Mas esta criança tem hábitos tão diferentes. De onde terá vindo"? Ou então, "como aprenderam esta informação"? É certo que, muitas vezes, elas não se identificam com hábitos que são usuais na família e que para elas, inclusive, parecem hábitos estranhos. Os Espíritos nos ajudam a compreender que tudo isso é bagagem da alma.

Em vários programas, em diversos meios de comunicação, nós tomamos conhecimento de populações que vivem em regiões distantes, isoladas do contato com outras comunidades. Nós podemos imaginar o que significa para o Espírito, por exemplo, habitar uma região muito distinta da que antes residia. Num desses programas, vimos uma comunidade numa região bem fria, onde a população se alimentava de leite de cabra e peixes. Nesse cenário, como se comportará um ser que veio viver em nossa companhia? Será considerado rebelde, estranho, mas é possível compreender o motivo de tal comportamento diferente e o sofrimento da alma diante de um mundo com hábitos tão diferentes.

Podemos ainda acrescentar outras indagações: E quando o Espírito precisa renascer num corpo masculino, tendo várias encarnações em corpos femininos em sua bagagem? E se abusou das faculdades intelectuais e retorna para viver uma experiência cheia de limitações? Só a reencarnação é capaz de explicar a necessidade que tem o Espírito de viver outros tipos de práticas e existências para crescer. Em *O*

Evangelho Segundo o Espiritismo, em seu capítulo VIII, item 4, Kardec retorna ao tema e acrescenta novas explicações:

> [...] à medida que os órgãos se desenvolvem, pelo que se pode dizer que, no curso dos primeiros anos, o Espírito é verdadeiramente criança, por se acharem ainda adormecidas as ideias que lhe formam o fundo do caráter. Durante o tempo em que seus instintos se conservam amodorrados, ele é mais maleável e, por isso mesmo, mais acessível às impressões capazes de lhe modificarem a natureza e de fazê-lo progredir, o que torna mais fácil a tarefa que incumbe aos pais.[76]

É importante reforçar aos amigos que nos leem, que a tônica deste trabalho é trazer o entendimento da visão espírita sobre um assunto tão importante!

---

76 KARDEC, Allan. *O Evangelho Segundo o Espiritismo*, tradução de Guillon Ribeiro. Editora Letra Espírita: Campos dos Goytacazes/RJ. 2023, p. 111.

Capítulo 13

Alguns casos para nossa reflexão

Sobre o processo reencarnatório, é interessante incluir algumas experiências relatadas na literatura espírita, como o caso de Júlio, no livro intitulado *Entre a Terra e o Céu*, de André Luiz. O Espírito Clarêncio ajuda-nos a entender como ele se dá:

> [...] Júlio sofrerá o aflitivo desejo de permanecer na Terra, com o empréstimo do corpo físico a prazo longo, entretanto, suicida que foi, com duas tentativas de auto aniquilamento, por duas vezes deverá experimentar a frustração para valorizar com mais segurança a benção da vida terrestre. Depois de estagiar por muitos anos nas regiões inferiores de nosso plano, confiando-se inutilmente à revolta e à inércia, já passou pelo afogamento e agora enfrentará a intoxicação. Tudo isso é lamentável, no entanto. [...] Com o desequilíbrio emocional de Amaro e Zulmira, no pretérito, Júlio arrojou-se a escuro despenhadeiro de compromissos morais e na atualidade, reabilitar-se-á com a cooperação deles. Ontem, o casal por esquecê-lo, inclinou-o à queda, hoje por amá-lo, garantir-lhe-á o soerguimento[...] O reequilíbrio da alma no ambiente que lhe é familiar no mundo

constitui base firme para o êxito da reencarnação... [...] Zulmira, desde então, afigurou-se nos integralmente concentrada no filhinho, que se enlaçou a ela, instintivamente, a maneira de um molusco a acomodar-se na própria concha.[...] O corpo sutil do menino como se justapunha aos delicados tecidos do perispírito maternal, adelgaçando-se gradativamente aos nossos olhos.[77]

O menino Júlio reencarnou no lar de Zulmira e Amaro a fim de refazer trajetórias equivocadas do passado, situações em que os 3 estavam envolvidos. Naquele momento, sua mãe tentar dar-lhe todo o seu amor. Diante deste quadro, Clarêncio dialoga com André Luiz e Hilário, oferecendo a seguinte explicação:

> A reencarnação no caso de Júlio não reclama de nossa esfera cuidados especiais. É uma descida experimental ao campo da matéria densa, com interesse tão somente para ele mesmo e para os familiares que o cercam. Todavia, se a existência do filho de Amaro estivesse destinada, no momento, a influenciar a comunidade, se ele fosse detentor de méritos indiscutíveis, com responsabilidades justas nos caminhos alheios, o problema seria efetivamente outro. Forças de ordem superior seriam fatalmente mobilizadas para a interferência nos cromossomos, garantindo-lhe o embrião do veículo

77 XAVIER, Francisco Cândido. *Entre a Terra e o Céu,* pelo Espírito André Luiz. 12ª ed. FEB: Brasília/DF. 1988, p. 172.

> físico de maneira adequada à missão que lhe coubesse... Hilário pergunta: E se o reencarnante fosse um homem de larga intelectualidade? Responde Clarêncio: Merecer-nos-ia cautelosa atenção na estrutura cerebral, para que lhe não faltasse um instrumento à altura de seus deveres na materialização do pensamento. E se fosse um médico? Um grande cirurgião? Receberia assistência aprimorada na formação do sistema nervoso, assegurando-se lhe pelo domínio das emoções.[78]

Com essas informações, é possível que entendamos inúmeras situações que são cada vez mais encontradas nos dias atuais, em vários grupos familiares ou hospitais e clínicas que atendem aos pequeninos. Diante dos quadros de crianças que nascem com limitações físicas e mentais, a questão sempre presente é: Por quê?

E além destas causas indicadas pelo Amigo Espiritual, há ainda muitas outras que podem aparecer na estruturação de uma nova vida: Provação? Expiação? Decisão pessoal em viver tal experiência? Auxiliar no progresso da ciência? Não sabemos, mas, recorrendo ao texto inicial deste livro, podemos entender a referência que André Luiz faz às sementes do destino. O Espírito traz impresso em seu perispírito as marcas do que precisa vivenciar durante a sua vida, sempre com grandes possibilidades de superação.

---

78 XAVIER, Francisco Cândido. *Entre a Terra e o Céu,* pelo Espírito André Luiz. 12ª ed. FEB: Brasília/DF. 1988, p. 172-176.

Um outro detalhe que registramos é o significado daquela existência para o Espírito. Tudo é importante para o seu crescimento. Situações esdrúxulas e complexas são experiências valiosas para o seu crescimento espiritual. E ainda assinalamos o cuidado da Espiritualidade em orientar a organização de um corpo de acordo com as necessidades que aquele Espírito precisa vivenciar.

Acrescentamos o depoimento de um Espírito Amigo que nos trouxe um recado que reforça a necessidade de atendimento espiritual aos pequeninos, eis que fala dos que em várias encarnações haviam se suicidado e não concebiam a ideia de retornar a fim de sofrer. Percebemos então que esses Espíritos precisavam de um atendimento especial da Equipe Socorrista no Plano Superior para que modificassem os quadros mentais e aceitassem a experiência que os livraria de incontáveis males. Salve a Doutrina Espírita que esclarece e consola!

Outra informação relevante pode ser encontrada em um segundo caso de estudo, o de Segismundo, em *Missionários da Luz:*

> Segismundo voltará ao rio da vida física. A situação assim o exige e não devemos perder a oportunidade de encaminhá-lo ao necessário resgate. Segundo está informado, Rachel, a pobre criatura que ele desviou, em nossa época de laços afetivos mais fortes e Adelino, o infeliz marido que o nosso irmão assassinou em la-

mentável competição armada, já se encontram na Crosta desde muito tempo e, há quatro anos, religaram-se pelos elos do matrimônio. Tudo está preparado a fim de que Segismundo regresse à companhia da vítima e do inimigo do pretérito, no sentido de santificar o coração. Será ele, de conformidade com a permissão de nossos Maiores, o segundo filhinho do casal. Todavia, estamos lutando com grandes dificuldades para localizá-lo. Infelizmente, Adelino, que lhe será o futuro pai transitório, repele-o com calor, tão logo surgem as horas de sono físico, trabalhando contra os nossos melhores propósitos de harmonização. Em vista disso, o trabalho preparatório da nova experiência tem sido muito moroso e desagradável.[79]

Após delinear o quadro pregresso e a nova situação do Espírito reencarnante ante a família que o receberia, André Luiz passa a tecer considerações sobre as dificuldades encontradas pelos que estavam colaborando naquele processo de reencarnação:

> [...] A princípio, Segismundo animava-se da melhor esperança. Agora, porém, que o rival antigo lhe oferece pensamentos de ódio e de ciúme, olvidando compromissos assumidos em nossa esfera de ação, sente-se novamente desventurado e sem forças para reparar o mal. De outras vezes, enche-se-lhe a tristeza de profun-

79 XAVIER, Francisco Cândido. *Missionários da Luz,* pelo Espírito André Luiz. 19ª ed. FEB: Brasília/DF. 1986, p. 178.

> da revolta e, nesse estado negativo, subtrai-se à nossa cooperação eficiente. [...] Adelino e Raquel são os protagonistas culminantes de dolorosa tragédia, ocorrida ao tempo de minha última peregrinação pela Crosta [...] O problema do renascimento não é assim tão intrincado. Naturalmente exige coragem, boas disposições[...] É tão penoso vencer na experiência carnal, em vista do esquecimento que sobrevém à encarnação... (redargue o instrutor Manassés). Mas seria muito mais difícil triunfar guardando a lembrança [...] A vida é uma sinfonia perfeita. Quando procuramos desafiná-la, no círculo das notas que devemos emitir para a sua máxima glorificação, somos compelidos a estacionar em pesado serviço de recomposição da harmonia quebrada.[80]

O primeiro caso citado, o de Júlio, trata do planejamento para retorno de um ex-suicida, seus conflitos, dores, a responsabilidade dos seus pais e o compromisso de ajuda para o retorno à experiência carnal. O destaque do Instrutor Clarêncio é com relação aos cuidados especiais que a Espiritualidade tem em certas situações, dependendo da tarefa a ser desenvolvida. Podemos dizer que o caso de Júlio é uma viagem, isto é, uma reencarnação a um campo experimental ligado única e exclusivamente ao seu crescimento Espiritual.

Já o segundo caso, o de Segismundo, relata o retorno

---

80 XAVIER, Francisco Cândido. *Missionários da Luz,* pelo Espírito André Luiz. 19ª ed. FEB: Brasília/DF. 1986, p. 168 e 178.

de alguém para uma família com adversários do passado. Há uma tragédia que dificulta a aproximação fluídica dos Espíritos que serão pai e filho, exigindo renúncia, coragem e determinação. O cuidado e a assistência dos Amigos Espirituais são de rara beleza, um complexo processo de preparação para o retorno, restaurando laços afetivos e provocando realinhamentos de sensações para viver o "amai-vos uns aos outros".

Ao retornar à esfera física, perde-se a memória, mas ficam as sensações. Ninguém renasce sem que tenha contato com as testemunhas que lhe seguem os passos e que "*o observam nos diferentes ângulos da vida, dos altiplanos da espiritualidade superior, pois ninguém alcança a experiência terrestre, a esmo, sem razões sólidas com bases no amor ou na justiça*", nos orienta Emmanuel, em *Pão Nosso*.[81]

81 XAVIER, Francisco Cândido. *Pão Nosso*, pelo Espírito Emmanuel. 16ª ed. FEB: Rio de Janeiro/RJ. 1994, p. 76.

Capítulo 14

A ação dos Amigos Espirituais

Durante a caminhada que o Espírito desenvolve, é bom sabermos que há sustentação dos Espíritos interessados em seu programa de vida, como mães e Espíritos Amigos que o acompanham com dedicação. Em *Missionários da Luz,* temos um exemplo da assistência que o Amigo Espiritual oferece neste período.

> O desenvolvimento da futura forma de Segismundo compelia Rachel a verdadeiros sacrifícios orgânicos; contudo em cada noite, pela madrugada, repetiam-se as excursões espirituais que ela e o filho recebiam dos afetos de nosso plano. O trabalho de Herculano (amigo espiritual) mereceu a cooperação de inúmeros amigos. Rara a noite em que não vinham Espíritos, agradecidos a Segismundo, velar pela harmonia de sua nova reencarnação, prestando à casa, aos pais, e a ele os mais variados auxílios [...]. Como as aves viajoras que sabem buscar longe a penugem suave para o ninho e o precioso alimento para os filhotinhos recém-natos, a alma das mães devotadas e carinhosas sabe atravessar grandes distâncias, à procura de elementos cariciosos para a formação do ninho de carne em que um filhinho

bem-amado deve renascer.[82]

Ainda com relação às providências do Plano Espiritual, Emmanuel, no livro *Pão Nosso*, faz as seguintes observações:

> Antes da reencarnação, Espíritos generosos endossaram as súplicas da alma arrependida, juízes funcionaram nos processos que lhe dizem respeito, amigos interferiram nos serviços de auxílio, contribuindo na organização de particularidades da luta redentora... Esses irmãos e educadores passam a ser testemunhas permanentes do tutelado, enquanto perdura a nova tarefa e lhe falam sem palavras, nos refolhos da consciência. Filhos e pai, esposos e esposas, irmãos e parentes consanguíneos do mundo são protagonistas do drama evolutivo. Os observadores, em geral, permanecem no outro lado da vida.[83]

O espírito André Luiz, no livro *Sexo e Destino*, capítulo IV, nos presenteia com esta informação sobre laços espirituais:

> Onde teria conhecido, nas trilhas do destino, aquele amigo que se me impôs ao sentimento qual irmão de velhos tempos? Debalde vascolejei a memória naqueles segundos inolvidáveis. Num átimo vi-me recambiado às sensações puras da infância. O emissário, que estaca-

---

82 XAVIER, Francisco Cândido. *Missionários da Luz,* pelo Espírito André Luiz. 19ª ed. FEB: Brasília/DF, 1986, p. 248.

83 XAVIER, Francisco Cândido. *Pão Nosso,* pelo Espírito Emmanuel. 16ª ed. FEB: Brasília/DF, 1994, p. 163.

> ra a frente de nós, não me fazia retomar simplesmente a segurança a que me habituara, quando menino, ante os braços paternos, mas também ao carinho de minha mãe que nunca se me apartara do pensamento. Oh! Deus, em que forja da vida se constituem esses elos da alma? Em que raízes de júbilo e sofrimento, através das reencarnações numerosas de trabalho e esperança, dívidas e resgates, se compõe a seiva divina do amor que aproxima os seres e lhes transfunde os sentimentos numa só vibração de confiança recíproca?[84]

Nos textos indicados - e é bom saber que existem muitos outros -, observa-se a ação de Benfeitores Espirituais no acompanhamento da vida de um Espírito. São os nossos Anjos da Guarda, Espíritos que seguem conosco há muito tempo e que se encontram em melhor situação espiritual que nós, podendo, assim, orientar os nossos passos. Eles participam do processo de investimento no crescimento da alma a qual estão ligados e que cumpre zelar. Esta viaja para um destino mais complexo e, ainda com passos inseguros, precisa de apoio para crescer. Tal tarefa é desempenhada com alegria pelos Amigos Espirituais que dispõem a ajudar alguém, um filho de Deus ligado aos seus corações.

Encontra-se em *O Evangelho Segundo o Espiritismo*, no capítulo XIV, uma mensagem de Santo Agostinho que ajuda

---

84 XAVIER, Francisco Cândido. *Sexo e Destino*, pelo Espírito André Luiz. 22ª ed. FEB: Brasília/DF, 1987, p. 37.

a entender a seguinte questão: Como explicar simpatia e antipatia? Como entender aversões sem que tenha havido contato físico entre as pessoas? Aquela sensação de que já nos vimos em algum lugar, de onde vem? Às vezes temos mais afinidade com pessoas que conhecemos há pouco tempo do que com os que estão conosco há anos. As verdades trazidas pela Doutrina Espírita, e tão bem explicadas na fonte citada acima, fazem entender onde se encontram esses motivos.

Capítulo 15

Como explicar a aparência de inocência das crianças?

Eis mais uma questão de grande relevância, pois, às vezes, admira-se a aparente inocência que as crianças demonstram, mas elas agem e opinam como se fossem adultas. Ao nascer, acolhe-se o lindo ser que repousa em nossos braços, ingênuo e dependente de tudo. Como entender?

Na questão 382 de *O Livro dos Espíritos,* Allan Kardec pergunta aos Imortais como explicar a mudança ocorrida ao final da adolescência de cada ser, ao que respondem com esclarecimento de grande valia:

> [...] não conheceis o que a inocência das crianças oculta. Não sabeis o que elas são, nem o que foram, nem o que serão. [...] as crianças são os seres que Deus manda a novas existências. Para que não lhe possam imputar excessiva severidade, dá-lhes Ele todos os aspectos da inocência. Ainda quando se trata de uma criança de maus pendores, cobrem-se-lhe as más ações com a capa da inconsciência. Essa inocência não constitui superioridade real com relação ao que eram antes, não. É a imagem do que deveriam ser e, se não o são,

> o consequente castigo exclusivamente sobre elas recai. Não foi, todavia, por elas somente que Deus lhes deu esse aspecto de inocência; foi também e sobretudo por seus pais, de cujo amor necessita a fraqueza que as caracteriza. Ora, esse amor se enfraqueceria grandemente à vista de um caráter áspero e intratável, ao passo que, julgando seus filhos bons e dóceis, os pais lhes dedicam toda a afeição e os cercam dos mais minuciosos cuidados. Desde que, porém, os filhos não mais precisam da proteção e assistência que lhes foram dispensadas durante quinze ou vinte anos, surge-lhes o caráter real e individual em toda a nudez. Conservam-se bons, se eram fundamentalmente bons; mas, sempre irisados de matizes que a primeira infância manteve ocultos.[85]

Outra citação é encontrada em *O Evangelho Segundo o Espiritismo,* em seu capítulo VIII, item 4:

> Pois que o Espírito da criança já viveu, por que não se mostra, desde o nascimento, tal qual é? Tudo é sábio nas obras de Deus. A criança necessita de cuidados especiais, que somente a ternura materna lhe pode dispensar, ternura que se acresce da fraqueza e da ingenuidade da criança. Para uma mãe, seu filho é sempre um anjo e assim era preciso que fosse, para lhe cativar a solicitude. Ela não houvera podido ter-lhe o mesmo

85 KARDEC, Allan. *O Livro dos Espíritos*, tradução de Guillon Ribeiro. Editora Letra Espírita: Campos dos Goytacazes/RJ, 2022, p. 169.

> devotamento, se, em vez da graça ingênua, deparasse nele, sob os traços infantis, um caráter viril e as ideias de um adulto e, ainda menos, se lhe viesse a conhecer o passado. [...]
>
> Essa a razão por que, ao aproximar-se-lhe a encarnação, o Espírito entra em perturbação e perde pouco a pouco a consciência de si mesmo, ficando, por certo tempo, numa espécie de sono, durante o qual todas as suas faculdades permanecem em estado latente. É necessário esse estado de transição para que o Espírito tenha um novo ponto de partida e para que esqueça, em sua nova existência, tudo aquilo que a possa entravar. Sobre ele, no entanto, reage o passado. É assim que o Espírito renasce melhor, mais forte, moral e intelectualmente, sustentado e secundado pela intuição que conserva da experiência adquirida. [...]O Espírito, pois, enverga temporariamente a túnica da inocência e, assim, Jesus está com a verdade, quando, sem embargo da anterioridade da alma, toma a criança por símbolo da pureza e da simplicidade.[86]

Com tais esclarecimentos, podemos entender os motivos pelos quais a criança nasce com aparência graciosa, indefesa e inocente. Se a criança tivesse um aspecto esquisito, desagradável aos olhos alheios, talvez recebesse a rejeição dos mais próximos e de muitos outros. Seria uma sensação

---

86 KARDEC, Allan. *O Evangelho Segundo o Espiritismo*, tradução de Guillon Ribeiro. Editora Letra Espírita: Campos dos Goytacazes/RJ. 2023, p. 110-111.

triste que ela carregaria por longo tempo, pois trata-se de emoção que não pode esconder e, mesmo criança, tende a perceber e sentir. Muitas vezes, podem se esvair os estímulos para vencer a situação na qual está inserida. Entretanto, a Providência Divina tem seus meios para evitar e superar esta situação, a aparência de inocência que leva o coração a se curvar diante do ser indefeso.

No entanto, há mães que rejeitam seus filhos ainda no berço em função da impressão que lhes causam, um sentimento estranho lhes assalta o coração, elas conseguem perceber a energia que emanam e captam a condição espiritual de quem se encontra reencarnado naquele frágil corpinho e assim os repelem. Algumas mães superam o susto, outras os deixam abandonados em latas de lixo ou hospitais aguardando uma decisão judicial que os leve à adoção em lares substitutos ou instituições criadas para esta finalidade, o que é uma boa medida inclusive, pois permite que o Espírito seja acolhido por uma outra família. Embora seja um comportamento ainda visto com muita frequência em nossa sociedade, como cristãos, é importante que não julguemos os personagens por trás destes episódios. Orar e orar é um caminho.

Capítulo 16

Falando sobre a educação dos pequeninos

Parece repetitivo, mas é preciso reforçar o contato com esses conteúdos expressivos entendendo que quando olhamos do ponto de vista espiritual, há algo muito sério a desenvolver com nossos pequeninos. A palavra mágica é educar, educar aprimorando os valores éticos.

O que é educar? Por que educar? Educar é importante? Quais os benefícios da educação e a quem cabe a educação? Qual é o período mais indicado para começar a educação?

As informações dos Espíritos apresentadas a seguir, mostram a singeleza, a delicadeza e a importância da educação na formação espiritual do indivíduo. Observando a riqueza de detalhes com que a Doutrina Espírita esclarece a respeito da vida, entende-se a necessidade de conhecer estas instruções que visam auxiliar na jornada a ser empreendida pelos Espíritos em trânsito na Terra, permitindo passos mais seguros em suas caminhadas. A educação é tarefa do mais alto significado para o Espírito.

Allan Kardec, no comentário à questão 685. a) de *O Livro dos Espíritos*, esclarece que a educação é o conjunto dos hábitos adquiridos, a arte de formar os caracteres[87] e, acrescenta:

> Quando essa arte for conhecida, compreendida e praticada o homem terá no mundo hábitos de ordem e de previdência para consigo mesmo e para com os seus, de respeito a tudo o que é respeitável, hábitos que lhe permitirão atravessar menos penosamente os maus dias inevitáveis.[88]

Neste comentário, vemos a contribuição do educador Kardec quanto à atenção ao ato de educar. Utilizando a expressão "uma arte", ele assinala que educar exige sensibilidade e se constitui numa habilidade no desempenho da tarefa de total importância para a Humanidade. Agindo desta forma, seriam evitados os desastres que hoje registramos, pois, por falta de entendimento e compreensão desta arte, comprometemos a vida em sociedade. Comentando tal questão, Kardec se refere à arte de formar o caráter, sinalizando que o conhecimento intelectual dissociado da formação moral leva a um posicionamento equivocado diante da vida. E é o que notamos na vida social. Encontramos, ou passam por nós, indivíduos com inteligência primorosa, mas distanciados do que é ético e que provocam mal-estar social por seus interesses imediatistas. Ao final dessas páginas, no Anexo 1, há um texto do professor Rivail, datado de 1824, que vale a

87 KARDEC, Allan. *O Livro dos Espíritos*, tradução de Guillon Ribeiro. Editora Letra Espírita: Campos dos Goytacazes/RJ, 2022, p. 259.

88 KARDEC, Allan. *O Livro dos Espíritos*, tradução de Guillon Ribeiro. Editora Letra Espírita: Campos dos Goytacazes/RJ, 2022, p. 259.

pena ser lido. O autor faz referência a este tema para o qual a Doutrina Espírita amplia a nossa visão - educar o Espírito é colaborar na formação do homem de bem.

Trazemos ainda uma poética citação do professor Ney Lobo sobre o que tratamos aqui: "*A educação é como chuva miúda que cai, se infiltra no solo, chega ao subsolo, e ninguém mais vê, desaparece. Muito mais tarde, o líquido acumulado emerge em fontes naturais de água potável e para outras realizações*[89]". Entendo aqui a sutileza dessa "arte" que precisa ser conhecida e adotada com qualidade.

Emmanuel, no livro *O Consolador*, responde à questão 109, sobre qual o período de maior importância para a tarefa educativa. Diz que se trata do período infantil, reforçando ainda mais aquilo que já vínhamos falando a esse respeito. Ele explica que a criança tem recordações muito vivas do Plano Espiritual e está, por isso mesmo, mais suscetível ao aprimoramento do seu caráter e da consolidação dos princípios de responsabilidade diante da vida. Para tanto, muito concorrem os pais, responsáveis pela edificação do homem de bem[90], pois ela não tem capacidade de se autodirigir.

São informações que ampliam o entendimento do ato de educar, bem como do período mais indicado para assi-

---

89 LOBO, Ney. *A Pedagogia do sentimento e da sensibilidade. A Reencarnação,* Porto Alegre: FERGS, n. 412, 1996.

90 XAVIER, Francisco Cândido. *O Consolador*, pelo Espírito Emmanuel. 21ª ed. FEB: Brasília/DF, 1970, p. 41.

milação de valores, devendo orientar nossos pequeninos a práticas educativas pois, o que é semeado nesse tempo, se bem semeado, dá frutos saborosos. E mesmo que tais frutos não surjam nesta encarnação, a semeadura surgirá em outra. Estarmos atentos a estes conhecimentos nos ajudam a prevenir doenças da alma, podendo-se dizer que a educação, inclusive, é a vacina da alma.

O livro *Memórias de um Suicida* é um compêndio de esclarecimentos primorosos para a nossa vida e, já que estamos falando deste tema, fica uma frase para reflexão: "*Há índoles que só os duros aguilhões da dor serão bastante poderosos para corrigir, encaminhando-as para o Dever*".[91]

No livro que citamos no capítulo 4, encontra-se um episódio de um Espírito que em sua jornada terrena, viveu num grupo de malfeitores por muito tempo, impondo infortúnios e atos truculentos. Desencarnou e permaneceu confuso no princípio, mas aos poucos deu-se conta de sua nova realidade. Mas, não aceitava a possibilidade de renovação. Muito investimento no Evangelho foi feito a fim de demovê-lo de sua posição cética. Por fim, Amigos Instrutores lhes falaram sobre o possível retorno à esfera física, propondo-lhe o melhor caminho para renovação, o renascimento[92]. Não há outra solução! Esta é renascer,

---

91 PEREIRA, Yvonne do Amaral. *Memórias de um Suicida*, pelo Espírito Camilo Botelho. 15ª ed. FEB: Brasília/DF, 1989, p. 80.

92 PEREIRA, Yvonne do Amaral. *Memórias de um Suicida*, pelo Espírito Camilo Botelho. 15ª ed. FEB: Brasília/DF, 1989, p. 95.

trazendo as "sementes do destino" para reaprender.

Com a aparência de inocência, vê-se alguém que necessita de orientação segura e de limites desde tenra idade. Esta é a tarefa fundamental da educação: semear, semear e semear! É preciso investir todos os recursos possíveis na formação dos pequeninos, não somente no que diz respeito às possibilidades materiais, mas, sobretudo, os recursos morais e os exemplos. Bezerra de Menezes afirma: *"aliás, o exemplo será efetivamente o melhor método*[93]". Portanto, fica claro, diante de tantas informações que colhemos, que a educação começa no berço, ou melhor, inicia-se nos primeiros instantes após a concepção.

Quando se fala em concepção, fala-se de família, de lar, da harmonia que precisa ser cultivada com vistas a ajudar aquele que está chegando. No livro *Desafios da Educação,* o Espírito Camilo traz informações muito úteis àqueles que estão à frente do grupo familiar. Selecionamos 4 delas e, a primeira, nos fala da capacidade que o recém-nascido tem de captar aquilo que se passa ao seu redor:

> À medida que ele vai registrando, no ambiente doméstico em que se encontra, a excitação e o destempero verbal dos seus habitantes, os costumes de gritar ou falar moderadamente, os hábitos de violência física ou de tratamento carinhoso, vai assimilando tais coisas,

93 PEREIRA, Yvonne do Amaral. *Dramas da Obsessão,* pelo Espírito Bezerra de Menezes. FEB: Rio de Janeiro/RJ, 1976, p. 11.

passando a externá-las tão logo esteja apto para isso.[94]

A segunda mensagem prende-se ao fato de a criança poder ter sua personalidade alterada de acordo com a educação fornecida em seus primeiros anos de vida. Assim, afirma o Espírito Amigo:

> Reconhecendo-se que a individualidade espiritual em cada reencarnação desenvolve uma personalidade diferente, e que cada uma dessas personalidades é conformada com os elementos culturais, intelectuais e sentimentais do lugar onde se renasce, torna-se patente a grande influência da educação na vida da criatura humana, desde os períodos infantis. Quanto melhor tenha sido a orientação educativa da criança, menos problemáticas serão as fases futuras do ser sobre a Terra.[95]

E ainda, as questões que seguem tratam, respectivamente, do papel do diálogo e do Espiritismo na vida do infante:

> O diálogo vai acostumando a criança a apresentar ideias, suas opiniões e concepções... É um instrumento democrático para o posicionamento da criança perante os adultos, profundamente educativo, impedindo a formação de personalidades caprichosas que só estão

94 TEIXEIRA, Raul. *Desafios da Educação,* pelo Espírito Camilo. Fráter: Niterói/RJ, 1995, p. 23.

95 TEIXEIRA, Raul. *Desafios da Educação,* pelo Espírito Camilo. Fráter: Niterói/RJ, 1995, p. 23.

satisfeitas quando podem ditar a última palavra, sempre.[96]

[...] O Espiritismo na vida infantil significa formidável processo de vacinação preventiva, ao mesmo tempo curadora, por tudo quanto ensina, por tudo quanto aclara, por tudo de útil e bom que semeia nessa alma milenária revestida de nova roupa biológica e, sob nossa responsabilidade.[97]

Ficam para nossa reflexão, as informações que tratam deste tema e que nos indicam um novo jeito de caminhar e de educar, muito diferentes daqueles com que fomos criados. Relembrando uma passagem citada anteriormente, Hermínio de Miranda olhava sua filhinha que havia acabado de nascer e se indagava o que faria com aquele "bolinho de carne". Nós nos perguntamos: "e os nossos lindos bebês"? "O que eu posso fazer para ajudar esses pequeninos que a Providência Divina colocou em meu caminho"? A resposta dos pais e educadores deveria ser "vou me preparar para ajudar, assimilando novas ideias e conceitos. Aprender, ou melhor, reaprender".

De fato, há pais de primeira viagem que fazem grandes investimentos em cursos e em literatura especializada, preparando-se para a chegada do bebê, o que merece sim

96 TEIXEIRA, Raul. *Desafios da Educação*, pelo Espírito Camilo. Fráter: Niterói/RJ, 1995, p. 25.

97 TEIXEIRA, Raul. *Desafios da Educação*, pelo Espírito Camilo. Fráter: Niterói/RJ, 1995, p. 28.

ser aplaudido. Mas, há um dia em que irão dizer que "isto" não estava no manual e em que se perguntarão como agir. A experiência, o próprio dia a dia, vai mostrando por quais caminhos devemos andar, não nos olvidando da ajuda dos Anjos Guardiões, amigos incansáveis, sempre juntos de nós.

Capítulo 17

Qual é a missão dos pais?

Ao fazer esta indagação aos Espíritos, Allan Kardec recebeu a seguinte resposta, registrada em *O Livro dos Espíritos*, na questão 582:

> É, sem contestação possível, uma verdadeira missão. É ao mesmo tempo grandíssimo dever e que envolve, mais do que pensa o homem, a sua responsabilidade quanto ao futuro. Deus colocou o filho sob a tutela dos pais, a fim de que estes o dirijam pela senda do bem, e lhes facilitou a tarefa dando àquele uma organização débil e delicada, que o torna propício a toda as impressões. Muitos há, no entanto, que mais cuidam de aprumar as árvores do seu jardim e de fazê-las dar bons frutos em abundância, do que formar o caráter de seu filho. Se este vier a sucumbir por culpa deles, suportarão os desgostos resultantes dessa queda e partilharão dos sofrimentos do filho na vida futura, por não terem feito o que lhes estava ao alcance para que ele avançasse na estrada do bem.[98]

---

98 KARDEC, Allan. *O Livro dos Espíritos*, tradução de Guillon Ribeiro. Editora Letra Espírita: Campos dos Goytacazes/RJ, 2022, p. 226.

Em *O Consolador*, questão 110, foi perguntado a Emmanuel qual é a melhor escola de preparação das almas reencarnadas, na Terra, ao que ele respondeu: *"a melhor escola ainda é o lar, onde a criatura deve receber as bases do sentimento e do caráter"*.[99]

Ambas as respostas a essas questões fazem referência à função educadora da família, que é a formação do caráter. Buscando o significado deste termo, é possível encontrar vários e, dentre tantos, o mais significativo neste contexto é o *"conjunto de traços particulares, o modo de ser de um indivíduo; índole, natureza, temperamento ou ainda o conjunto de qualidades (boas ou más) de um indivíduo, o que lhe determina a conduta e a concepção moral, firmeza, domínio de si"*[100]. Concluímos, uma vez mais, que orientar os passos de quem chega é uma tarefa de alto significado.

A concepção espírita da vida leva-nos a rever conceitos que dizem respeito ao ato de educar e como reconhecer nesses pequeninos seres, Espíritos vividos que retornam portando sequelas e resquícios anteriores, mas que necessitam vivenciar novas experiências em bases diferentes das quais estavam acostumados até certo tempo atrás. A proposta é de alteração de hábitos. Acompanhando-os, captamos características do homem velho, isto é, percebemos certas

---

99 XAVIER, Francisco Cândido. *O Consolador*, pelo Espírito Emmanuel. FEB: Brasília/DF, 1970, p. 41.

100 HOLANDA, Aurélio. *Novo Dicionário da Língua Portuguesa*. 2ª ed. Rio de Janeiro: Nova Fronteira, 1987.

atitudes que não se coadunam com a idade do corpo atual. Propiciar-lhes oportunidades para modificações nas disposições morais é uma tarefa básica dos pais ou responsáveis, objetivo fundamental que deve ser alcançado por todos eles. Joanna de Ângelis, no livro *Dias Gloriosos*, nos ajuda, assim traduzindo: "*transmitir diretrizes universalistas sobre o dever, a solidariedade, o amor, a compreensão, os direitos da cidadania e sempre aprimorar-se, desenvolver o crescimento pessoal*".[101]

André Luiz, em sua obra *Mecanismos da Mediunidade*, capítulo Centros de Indução escreve:

> O Lar é o mais vigoroso centro de indução que conhecemos na Terra. À maneira de alguém que recebe esse ou aquele tipo de educação em estado de sonolência, o Espírito reencarnado, no período infantil, recolhe os mapas de inclinação e conduta que lhe nortearão a existência, em processo análogo à escola primária, pelo qual a criança é impelida a contemplar e mentalizar certos quadros, para refleti-los no desenvolvimento natural da instrução.[102]

O Autor Espiritual deixa bem evidenciada a necessidade de sensibilizar pais, avós e educadores em geral, quanto à necessidade da autoeducação para melhor educar. Falar

---

101 FRANCO, Divaldo Pereira. *Dias Gloriosos*, pelo Espírito Joanna de Ângelis. LEAL: Salvador/BA, 1999, p. 177.

102 XAVIER, Francisco Cândido. *Mecanismos da Mediunidade*, pelo Espírito André Luiz. 14ª ed. FEB: Brasília/DF, 1995, p. 116.

em mapa significa buscar rotas e caminhos para atingir um determinado lugar e, neste caso, chegar a um programa de educação que leve à formação do homem de bem. Enfatizar que o lar é o maior centro de indução na Terra, significa dizer aos pais e educadores que o poder está em suas mãos; poder que significa autoridade, diferente de autoritarismo. Ter autoridade é agir sem austeridade, com simplicidade, com conhecimento da questão a ser desenvolvida - no caso a educação - e na certeza de que sua fala alcança o coração de quem está por perto.

Há algumas gerações passadas, os pais pouco conversavam com seus filhos, apenas mandavam e eram obedecidos. Com o passar do tempo, as ideias mudaram e as teorias sobre educação evoluíram. Conhecendo melhor o comportamento humano, foi-se constatando que o caminho mais adequado para educar é o diálogo. Podemos dizer, então, que a autoridade está baseada na capacidade dos pais em verem em seus filhos, Espíritos - filhos de Deus - que precisam de orientação no bem. E mais ainda, há possibilidades novas no aprender a olhar, a conversar e utilizar estratégias para atingir estas almas que retornam à experiência carnal e que aqui chegam para evoluir. Enfim, mostrando caminhos! Uma boa prática é a conversa olho no olho, onde 2 almas procuram se entender e se aproximar e, também, a conversa na hora do sono, extremamente valiosa.

Muitas vezes permitimos que nossos pequenos fiquem por um bom tempo diante de um aparelho de televisão ou dos celulares e *tablets*. Nada contra, mas essa concessão deve nos fazer refletir sobre a nossa ação diante dos recursos midiáticos que estão à nossa disposição, trazendo notícias e materiais advindos de um mundo onde grassam as concepções materialistas e individualistas. De tempos em tempos, ou melhor, de minuto a minuto, há jogos e propostas que se dizem modernas, mas que podem significar a assimilação de hábitos de violência, vícios e até suicídio. A nosso ver há, neste contexto, uma imensidade de providências a tomar a fim de ajudarmos nossos pequeninos.

Pensando em sua responsabilidade de pai, um amigo nosso propôs ao filho dias e horários em que poderia ficar no celular. É uma medida que será atendida, ou não, dependendo do nível de autoridade dos pais, autoridade moral, o que é diferente do autoritarismo. Agir com determinação, estabelecendo limites, ajuda na educação da alma, assim como na tarefa dos pais em entenderem-se como modelo. É bom que eles se lembrem de que há olhinhos acompanhando o que eles fazem e como eles agem. Não pensem que, estando brincando, nada percebem. O radar está funcionando, aliás, ao atentarmos para a vida de cada pessoa, observamos que nelas estão impressos os modelos recebidos, as opiniões e conselhos ouvidos durante a infância e formação, enfim, que ela recebeu de seus antepassados. São inúmeros os momentos em que se ouve referências àquilo que se aprendeu com os pais, hábitos adquiridos e que se incorporam à vida adulta, reproduzidos de forma inconsciente, pois estão gravados no psiquismo. O exemplo é sempre o melhor modelo.

Seguem-se 2 depoimentos ouvidos há pouco tempo. O primeiro, de uma mãe que disse "vocês sabem que agora percebi porque minha filha fala gritando, ela me imita". E o outro depoimento, de uma filha, dizendo "aprendi a orar com minha mãe. Éramos bem pequenos e ela fazia uma rodinha, orientando e dizendo que íamos conversas com Papai do Céu. Trago esse comportamento até hoje e não saímos de casa sem antes ler uma pequena página e orar ao nosso Anjo da Guarda".

E então, leitor amigo, em que ficou pensando? Educar é tarefa árdua que nos pede disposição e tempo, mas, não somente isso. É preciso também, que haja consciência de que se está trabalhando para a formação de um ser cheio de possibilidades, cuidando de uma semente poderosa que precisa dos adubos para crescer e dar bons frutos.

Na mesma direção, Léon Denis, no livro *Depois da Morte,* fortalece as ideias sobre o valor da educação e fala sobre o empenho que os pais deverão aprimorar na ação educativa:

> É através da educação que as gerações se transformam e se aperfeiçoam. Para se ter uma sociedade nova é preciso homens novos. Por isso, a educação desde a

> infância é de uma importância capital... Tão essencial quanto saber ler. Escrever, calcular, é ensinar a governar-se, a conduzir-se como ser racional e consciente... é entrar na vida, armado não apenas para a luta material, mas sobretudo para a luta moral. Na escola como na família, negligencia-se muito em esclarecê-la sobre seus deveres e sobre seu destino, sobre a vida presente e a do Além. Uma boa educação moral raramente é obra de um mestre. Para despertar na criança as primeiras aspirações pelo bem, para corrigir um caráter difícil é preciso ter, ao mesmo tempo, perseverança, firmeza, uma ternura da qual só o coração de um pai ou de uma mãe é suscetível. Se os pais não conseguem corrigir seus filhos, como aquele que conduz muitas crianças poderia fazê-lo? Essa tarefa não é tão difícil como se poderia imaginar. Ela não exige uma ciência profunda [...]. É preciso lembrar que esses espíritos vieram até nós para que os ajudemos a vencer seus defeitos e os preparemos para os deveres da vida - [...] Estudemos desde o berço as tendências trazidas pela criança das existências anteriores, apliquemo-nos a desenvolver as boas, a sufocar as más.[103]

Denis segue oferecendo interessantes alertas para os pais, pois, em sua opinião, esses não deveriam habituar os filhos a terem apenas alegrias na vida, uma vez que ela é

103 DENIS, Léon. *Depois da Morte.* 2ª ed. CELD: Rio de Janeiro/RJ, 2004, p. 54.

árdua e eles devem aprender a ser independentes e dignos:

> A educação, baseada numa concepção exata da vida, mudaria a face do mundo... Todas as chagas morais decorrem da má educação. Reformá-la, colocá-la sobre novas bases teria para a humanidade consequências incalculáveis. Instruamos a juventude, esclareçamos sua inteligência; mas antes de tudo, falemos ao seu coração, ensinemos-lhe a despojar-se de suas imperfeições. Lembremo-nos de que a Ciência por excelência consiste em melhorar (Id. ibid.).

A ênfase dada pelo Autor Espiritual vem de encontro às informações que foram colhidas e que confirmam a necessidade de formação de novos hábitos, de aspiração no bem, definição de limites e de ajuda para vencer. É preciso adubar as sementes do vício com a terra saudável das verdades espirituais. E algo muito importante diz respeito ao benefício das pequenas frustrações. Houve um período em que se convencionava dizer que não se podia frustrar os desejos de uma criança e uma geração inteira foi criada levando em conta o seu bel prazer e com toda liberdade. Hoje, já temos notícias sobre os prejuízos causados na formação da geração que assim foi educada.

Outra autora que também nos traz esclarecimentos quanto à ação do adulto sobre a criança é Dalva Silva e Souza, no livro *Os Caminhos do Amor:*

> Não há uma ação educacional neutra. Ou a consideramos

> como uma individualidade que possui potencialidades a serem desenvolvidas e oferecemos-lhes estímulos para manifestar sua espontaneidade, sua criatividade e seu espírito crítico; ou percebemos a criança como um ser que deve ser domesticado e reprimimos sua espontaneidade, desvalorizando sua criatividade e impedimos a manifestação de seu espírito crítico... O que se busca é condicionar a criança ao que se considera melhor para ela, utilizando castigos e prêmios, adulação e chantagem afetiva, exatamente como se faz com um animal que se quer domesticar: se ele faz o que determinamos, ganha um torrão de açúcar, se não faz, ganha uma chibatada. A criança, individualidade extremamente dependente dos pais, enfrenta um dilema psicológico, cuja solução permanece fora do seu alcance: se faz o que os pais determinam, enfraquece-se e se desorganiza psicologicamente, acabando por perder a confiança em si mesma; se enfrenta os pais, para atender ao seu mundo interior, suscita o antagonismo de que detém poderes sobre ela, podendo ser dominada, a partir daí, por um sentimento de rejeição ou de culpa, dependendo da atitude dos pais.[104]

O que significa a ação neutra na educação? Trata-se de atitude de distração que acontece com muitos pais. Ao verem suas crianças ainda pequenas, acham que elas precisam

104 SOUZA, Dalva Silva. *Os Caminhos do Amor*. 2ª ed. FEB: Brasília/DF, 1997, p. 66.

viver livremente, à vontade, onde tudo é graça e sem tolher sua liberdade para que ela não se frustre. É uma concepção antiga de educar para a liberdade, resultando numa geração "sem princípios, nem freios". Aliás, hodiernamente, entre pais e mães que precisam trabalhar para garantir o sustento das famílias, vê-se uma grande quantidade de crianças, em todos os grupos sociais, que vivem em estado de abandono emocional. A referida autora faz interessante paralelo entre os tipos de Espíritos que no momento estão vivendo o período da infância na Terra e os diferentes tipos de solo:

> [...] Uma planta não dependerá somente do terreno para ser bonita e saudável. Precisará da mão do jardineiro, também... o terreno poderá ser fértil, semiárido ou totalmente árido, simbolizando aí o grau evolutivo do Espírito reencarnado, que pode ser um espírito evoluído, de condições medianas ou ainda inferior. O trabalho do jardineiro, portanto, deverá incluir o conhecimento do terreno e a noção de como realizar um eficiente trabalho de adubação, se ele estiver em condições precárias.[105]

Gostaríamos de compartilhar com o leitor um interessante relato. Numa de nossas escolas públicas, um menino da quinta série brigou em sala de aula e a diretora pediu que chamasse seus pais, e o menino respondeu que eles saiam para trabalhar às 5h. Ela então perguntou quem o aprontava

---

105 SOUZA, Dalva Silva. *Os Caminhos do Amor.* 2ª ed. FEB: Brasília/DF, 1997, p. 73.

para ir ao colégio, e ele responder que era ele mesmo. É um fato novo? Não, esse fato é muito comum em famílias mais pobres, mas também naquelas de situação econômica razoável e até nas mais ricas, pois as crianças ficam entregues a quem não sabe o valor da educação e que dela não tem boas referências ou, ainda, criam-se sozinhas sem saber ao certo o que fazer, entregues aos seus próprios instintos e gerando consequências lamentáveis. O que também ocorre é que na maioria das vezes nossos filhos são criados por pessoas que não foram orientadas para esta tarefa, sendo geralmente contratadas para cuidar da casa e das crianças. Elas apenas cuidam, não educam! Com certeza, a partir de agora, vamos cuidar um pouco mais.

Há um comentário de Allan Kardec à questão 917 de *O Livro dos Espíritos*, que nos ajuda nesse quesito ao dizer que "*a educação, convenientemente entendida, constitui a chave do progresso moral*[106]", acrescentando que esta arte exige muito tato, muita experiência e profundo senso de observação.[107]

O que podemos entender quando falamos em arte de educar? De acordo com o dicionário, é a capacidade natural ou adquirida de pôr em prática os recursos necessários para se obter determinado resultado. No caso da educação, é a utilização dos meios propícios e corretos para educar. O

---

106 KARDEC, Allan. *O Livro dos Espíritos,* tradução de Guillon Ribeiro. Editora Letra Espírita: Campos dos Goytacazes/RJ, 2022, p. 328.

107 KARDEC, Allan. *O Livro dos Espíritos,* tradução de Guillon Ribeiro. Editora Letra Espírita: Campos dos Goytacazes/RJ, 2022, p. 328.

professor Ney Lobo, ao definir educação espírita, fala sobre a didática espírita como uma maneira de educar, manifestada pela capacidade de intuição, imaginação criadora, improvisação e espírito prático não teorizável[108]. Às vezes, diante de certas questões apresentadas pelos nossos filhos, buscamos a teoria, mas é a intuição que surge facilitando o diálogo com as crianças. E, por falar em intuição, é bom lembrar a ajuda Espiritual que todos recebem, pois são os Amigos Invisíveis que nos ajudam nas tarefas familiares.

Nesse assunto, a melhor orientação é educar desde a mais tenra idade, aproveitando este período em que o Espírito ainda não acordou para a presente encarnação e, conforme informado pelos Amigos Espirituais, sendo a época em que estão mais suscetíveis ao processo educativo.

Vale a pena lembrar um episódio inserido no livro *Amor e Ódio,* quando em seu capítulo V, o Instrutor Espiritual vem enxugar as lágrimas de um pai choroso que vê seu filho em situação de prostração, numa masmorra, vivendo experiências muito difíceis e que diz:

> Confessas a ti próprio, como aos teus mentores espirituais, que te descuraste de sua educação moral conquanto teus exemplos moralizadores fossem suficientes como método educativo. Afirmas, compungido, haver cuidado, de preferência, de prover-lhe a educação

108 LOBO, Ney. *Filosofia Espírita da Educação*. Vol. 5. FEB: Brasília/DF, 1987, p. 221.

intelectual e social, em prejuízo da moral-espiritual.[109]

A conversa continua, com instruções para uma ação de acolhimento e recuperação do filho golpeado pelas sementes do destino que não foram atenuadas pela educação. Ou seja, aquele pai, desconhecendo os aspectos espirituais do ser em construção, apenas focou um único aspecto da educação.

O caminho, pois, é o da observação dos atos da criança em seu dia a dia e durante o seu brincar, pois é nele que ela conquista o domínio do mundo exterior e inicia suas relações sociais, deixando entrever impulsos e tendências. Nessa hora, seus registros espirituais emergirão, permitindo a observação no chão de que lhe é próprio, com possibilidades de ação direcionadas para tal. Entendo que com as exigências da vida moderna, nem sempre os pais têm tempo para se dedicar aos filhos, mas a sugestão é que definam um determinado tempo para esse contato. Na conjugação de experiência, tato e observação, nossos filhos serão ajudados a viver em sociedade, corrigindo distorções e encontrando os caminhos da fraternidade e do amor.

O comentário de Kardec à questão 917 de *O Livro dos Espíritos*, alarga este entendimento:

> Quando se conhecer a arte de manejar os caracteres, como se conhece a de manejar as inteligências, conseguir-se-á corrigi-los, do mesmo modo que se aprumam

---

109 PEREIRA, Yvonne do Amaral. *Amor e Ódio,* pelo Espírito Charles. FEB: Brasília/DF, 1994, p. 215.

> plantas novas. Essa arte, porém, exige muito tato, muita experiência e profunda observação. É grave erro pensar-se que, para exercê-la com proveito, baste o conhecimento da Ciência. Quem acompanhar assim o filho do rico, como o do pobre, desde o instante do nascimento, o observar todas as influências perniciosas que sobre eles atuam, em consequência da fraqueza, da incúria e da ignorância dos que os dirigem, observando igualmente com quanta frequência falham os meios empregados para moraliza-los, não poderá espantar-se de encontrar pelo mundo tantas esquisitices. Faça-se com o moral o que se faz com a inteligência e ver-se-á que, se há naturezas refratárias, muito maior do que se julga é o número das que apenas reclamam boa cultura, para produzir bons frutos.[110]

Os pais e responsáveis cuidam com empenho das medidas para desenvolver o intelecto dos filhos, como vários cursos de língua estrangeira, informática e esportes, mas, esse mesmo cuidado deve ser usado para o desenvolvimento do seu senso moral, por meio de práticas que desenvolvam os sentimentos de fraternidade, solidariedade, gentileza, respeito a tudo e a todos, sempre levando-se em conta a nossa não percepção de sua condição espiritual.

Refletindo mais uma vez sobre a importância da educação desde a tenra idade, encontramos o posicionamento de

---

110 KARDEC, Allan. *O Livro dos Espíritos,* tradução de Guillon Ribeiro. Editora Letra Espírita: Campos dos Goytacazes/RJ, 2022, p. 328.

Emmanuel em *Religião dos Espíritos*:

> Com exceção daqueles que renasceram submetidos à observação da patologia mental, todos vieram da estação infantil [grifo nosso] para o desempenho de nobre destino. Entretanto, quantas ansiedades e quantas flagelações quase todos padecem, antes de se firmarem no porto seguro do dever a cumprir! [...] Muitos saem da meninice moralmente mutilados pelas mãos mercenárias a que foram confiados no berço e outros tantos acordam no labirinto dos exemplos lamentáveis, partidos daqueles mesmos de quem contavam colher as diretrizes do aprimoramento interior. [...]. Recebamos os jovens de qualquer procedência por nossos próprios filhos, estimulando neles o amor ao trabalho e a iniciativa da educação. Diante de todos os que começam a luta, a senha será sempre - "velar e compreender" -, a fim de que saibamos semear e construir, porque, em todos os tempos, onde a juventude é desamparada a vida perece.[111]

À luz do que Emmanuel informa, pensamos: como explicar alguns ou muitos dos casos em que crianças, desde cedo, se marginalizam, tendo em vista que todos renascem para um nobre destino? Que tipo de "acidente" teria acontecido no percurso? Sobre estas questões voltadas à educação, há um opúsculo intitulado *Psicanálise com crianças*, de Tere-

---

111 XAVIER, Francisco Cândido. *Religião dos Espíritos,* pelo Espírito Emmanuel. 21ª ed. FEB: Brasília/DF, 2010. P. 39.

zinha Castro, do qual extraímos este texto que vem acrescentar uma importante informação para nossas reflexões:

> Ao longo de sua obra, Winnicott (Donald Woods Winnicott - médico e psicanalista) vai destacar a influência do meio ambiente no desenvolvimento psíquico infantil. O ambiente é sinônimo de cuidados maternos, ou seja, é a mãe ou algum substituto desta que irá favorecer ou dificultar o desenrolar desse processo. É por intermédio de seus cuidados e da capacidade que a mãe tem de se adaptar às necessidades do bebê que ele passa a conhecer o mundo. A expressão "mãe suficientemente boa" foi cunhada por ele para designar exatamente essa função. Se a mãe estiver incapacitada de cuidar do bebê ou ausente ou pelo contrário, se for, demasiadamente intrusiva, a criança pode ter tendências à depressão ou a condutas antissociais, como o roubo. Enfatizando ao pai que é necessário dar a mãe um apoio moral, para sustentá-la em sua autoridade, para ser a encarnação da lei e da ordem que a mãe introduz na vida da criança.[112]

As citações e orientações dos Espíritos, bem como de vários estudiosos dessa área incluídos nesta obra, permitem entender o que significa "uma mãe suficientemente boa" - ampliando o significado do termo mãe a todas ou todos os que estão ao redor do ser. Pode ser aquela atenta às suas responsabilidades junto à prole e que faz os esforços necessários para atender e acolher os filhos sob os seus

---

112 CASTRO, Terezinha. *Psicanálise com crianças.* 4ª reimp. Zahar: Rio de Janeiro/RJ, 2014, p. 48.

cuidados, oferecendo não apenas o necessário no âmbito material, como roupas, alimentação, escola, passeios e brinquedos, mas também os recursos espiritualizantes, ou seja, a vivência evangélica no lar, os bons hábitos, o contar de histórias sobre a vida de Jesus e a respeito de outras individualidades que tenham um exemplo de vida a serviço do bem. É fácil? Não, é complexo. Esse termo *acolher*, tem um significado mágico. A imagem que nos vem à mente é de alguém com os braços preparados para um abraço e um coração pronto a servir, acariciar, envolver e orientar.

Há ainda outros recursos, muitas outras histórias, incluindo a boa música Espírita - o acervo atual existente é considerável e pode ser utilizado em benefício dos nossos pequenos.

Acrescentamos uma informação do professor Ney Lobo, contida em seu livro *Prática da Escola Espírita - A escola que educa,* onde cita algumas condições favoráveis à educação no lar, ou educação doméstica. Assim, afirma:

> - A constante convivência entre pais e filhos - todo instante é um momento educativo;
>
> - O permanente encontro pedagógico entre todas as circunstâncias, fatos e peripécias da vida familial - todo fato traz um ensinamento;
>
> - O ensejo do bom exemplo dos genitores, em todos os momentos, submetidos que ficam à constante observação da prole;

- O amor natural e recíproco entre pais e filhos na confluência biológica da geração com a criação deles;

- A autoridade natural dos pais sobre os filhos;

- O respeito natural dos filhos para com os pais, como efeito colateral almejado dessa autoridade, propiciando a fertilidade do encontro educativo permanente.[113]

Os pais e as mães são os primeiros educadores, no sentido amplo do termo.

É comum ouvirmos muitas histórias a respeito da educação que muitos adultos receberam de seus pais, alguns deles com pouca cultura, mas detentores de grande sabedoria na forma de orientar seus filhos, denotando a condição espiritual daquele ser. É a isso que o professor Ney Lobo se referia ao falar em fertilidade do encontro educativo. Quantas vezes os filhos sentavam-se ao redor dos pais ouvindo narrativas e fatos encantadores com intervenções profundas para a vida daqueles que ouviam. Vivia-se a autoridade natural e, daí, conclui-se que conversar ainda é o melhor caminho na educação dos filhos.

O estudo sério e aprofundado do Espiritismo, utilizando as fontes doutrinárias de Allan Kardec, os livros de André Luiz e Emmanuel, bem como tantos outros autores, constitui-se como imperiosa necessidade, especialmente no que

113 LOBO, Ney. *Prática da Escola Espírita: a escola que educa.* Editora Auta de Souza: 2003, p. 141.

tange o tema aqui tratado. Incluímos a indicação do livro *Na medida certa*[114], de Dalva Silva Souza e Leila Brandão, porque, ao nosso ver, traz informações preciosas para quem educa.

Adquirindo a exata noção de nossa responsabilidade, será possível realizar aquilo que, em boa linguagem, denominaríamos evolução consciente. O estudo e a aplicação simultâneos dos fundamentos doutrinários do Espiritismo, com sua consequente incorporação à vida, colocam o ser humano no limiar do infinito. A teoria e prática cristãs desdobram a inteligência e dão ao coração os mais ricos e belos panoramas de crescimento e evolução com Jesus no rumo de Deus.

---

114 BRANDÃO, Leila; SOUZA, Dalva Silva. *Na Medida Certa.* Lachâtre: Bragança Paulista/SP. 2013.

Capítulo 18

Aproximando a Alma de Deus

O objetivo deste capítulo é tentar responder quais caminhos ajudam o Espírito a aproximar-se de Deus.

Mas, antes disto, é bom perguntar: Todos acreditamos em Deus? Muitos responderemos tendo por base o que consta na primeira e décima terceira questões de *O Livro dos Espíritos*, que apresentam a definição e as atribuições da Divindade. Mas, esse saber está incorporado à nossa vida? Será que para nós Deus é uma realidade comprovada pela evidência material da natureza que nos envolve? Será que para demonstrar o nosso amor precisamos fazer oferendas?

O verdadeiro amor a Deus se manifesta no entendimento de que Ele está em toda parte e, assim sendo, Ele também está dentro de nós. Para nos ajudar com esta questão, há um texto do naturalista Linneu, no livro *Deus na Natureza,* de Camille Flammarion. Vejam quanta poesia:

> O Deus eterno, onisciente, onipotente, infinitamente sábio, passou-me ante os olhos. Não o vi face a face, mas o seu reflexo me saturou o espírito de pasmo e admiração. Acompanhei-lhe o traço em todas as coisas criadas e, em todas as suas obras, das menores às maio-

res e mesmo nas imperceptíveis, quanta força, quanta sabedoria, quanta perfeição indefinível.[115]

Assim, voltamos à questão: Como aproximar a alma de Deus?

Santo Agostinho propõe uma reflexão sobre a missão confiada aos pais, no capítulo XIV de *O Evangelho Segundo o Espiritismo,* em seu item 9, dizendo: "*inteirai-vos dos vossos deveres e ponde todo o vosso amor em aproximar de Deus essa alma*[116]". Tais palavras significam que devemos ajudar nossos filhos a desenvolverem o sentimento de religiosidade em busca do sagrado em nós.

A resposta àquela indagação pode ser, então, mostrar Deus por meio de sua obra, a natureza; caminhar com a criança mostrando o céu, as estrelas, a diversidade das plantas, frutas e animais. Ou ainda fazê-la entender a importância de ter bons relacionamentos com seus amiguinhos, irmãozinhos; respeitar o próximo; cuidar de si e das coisas em seu entorno e, ao final de cada dia, lembrar-se do Criador por meio da oração. Eis uma das expressões da religiosidade.

Neste capítulo propomos uma orientação espiritual para a família, pois, os esforços dos pais devem convergir para esse fim. Mas, como fazer? O que se nos apresenta neste momento é o processo de espiritualização do ser, já que

---

115 FLAMMARION, Camille. *Deus na Natureza.* 7ª ed. FEB: Brasília/DF, 2010, p. 16.

116 KARDEC, Allan. *O Evangelho Segundo o Espiritismo,* tradução de Guillon Ribeiro. Editora Letra Espírita: Campos dos Goytacazes/RJ. 2023, p. 185.

entendemos que chegamos a este mundo com uma finalidade nobre. Cabe-nos, portanto, criar hábitos que ajudem o Espírito nesta caminhada desde cedo. Foi por estar razão que dona Benedita Fernandes, no início de nossa conversa, enfatizou tanto o valor da autoeducação dos pais.

Já comentamos em outro momento que as crianças aprendem pelo exemplo da vida diária. O que acontece no contexto familiar torna-se um modelo para os nossos pequeninos, mas, além disso, os pais devem buscar recursos como as histórias, os vídeos e as canções que falam de Deus, da natureza, da vida no fundo do mar, enfim, há farto material à nossa disposição para introduzir tais lições.

A este respeito, em capítulo anterior relatamos as providências que o amigo Marcelo tomou a partir do instante em que soube da presença de um ser iniciando a jornada no útero de sua esposa. Outro casal amigo está em festa com a futura chegada de Isabela, eles conversam com ela, informando que está sendo esperada com muita alegria e que farão todo o possível para que ela chegue em paz. Se o Espírito que vai chegar estava receoso com o enfrentamento de alguma situação relacionada ao seu futuro - e é comum ouvir isto em reuniões mediúnicas -, ele acomoda-se na certeza de que tudo está certo, o que é comprovado pela energia de seus pais.

Com a orientação adequada, a criança vai crescendo e recebendo amor e as lições do Evangelho. A cada saída ou passeio, os pais irão chamar a sua atenção para os fenômenos da natureza, para as plantas e animais, todas obras de Deus. Sob seu olhar amoroso, desenvolve o respeito com os amiguinhos e outras crianças, adultos e os idosos.

Outro caso que chegou ao nosso conhecimento, foi o registro feito por uma vizinha, demonstrando o que ocorre no momento em que seu sobrinho canta e toca violão para sua filha pequena. Os olhinhos dela brilham acompanhando o pai e, mais, na hora que a mãe faz exercícios de ioga, a filha fica sentadinha ao lado aprendendo as posições. São momentos inesquecíveis na vida destas crianças e que deixarão marcas no psiquismo do Espírito. Vocês já devem ter observado a alegria retratada nos olhinhos dos filhos admirando os pais ou as mães.

Assim, novos hábitos vão sendo incorporador à sua vida como, por exemplo, quando todas as noites, em conjunto, elas fazem as orações dirigindo-se ao Papai do Céu. À medida em que crescem, passam a participar do culto do Evangelho no Lar com a família que pensando na adaptação para os pequeninos, organizam a reunião de forma diferente. Sugerimos, então, 2 momentos para o culto: um especial para a criança, utilizando-se de histórias e músicas do acervo de evangelização espírita infanto-juvenil, atendendo aos interesses relativos à faixa etária dos filhos e, em outro horário, só com os adultos. A evangelização dos filhos começa e se consolida no lar e, mais tarde, encaminha-se o filho para o Centro Espírita a fim de vivenciar as experiências de um novo grupo, o de evangelização, que talvez os acompanhe por longos anos.

Observando as crianças que frequentam desde cedo a evangelização, ou então as que acompanham seus pais no Centro Espírita, notamos as atitudes que vão se incorporando no seu dia a dia, possibilitando a criação de novos hábitos oriundos daquele espaço. E, por certo, a força do grupo dá uma profunda noção de pertencimento, pois, o Centro Espírita, é abençoado farol que nos guia.

Podemos ainda citar o benefício deste procedimento, utilizando-nos de um caso que ouvimos há pouco tempo. Luiz renasceu e chorou durante os primeiros 3 meses de sua vida. Sua mãe já estava desesperada com todo aquele choro e foi aconselhada a procurar um Centro Espírita que fosse próximo à sua residência. Ela assim o fez, passou pelo Atendimento Fraterno e o nome da criança foi encaminhado para a reunião mediúnica. Ali, Espíritos que atormentavam o menino mostraram uma extensa folha de reclamações contra ele e, depois de algumas reuniões em que foram atendidos, a aflição da criança foi debelada. A família fixou-se no Centro Espírita e os frutos hoje surgem com a sua participação efetiva em diversas atividades.

O significado desta ação pode ser confirmado nas diferentes citações que seguem. No livro *Obras Póstumas*, em seu item O egoísmo e o orgulho, escreve Kardec:

> O Espiritismo é, sem contradita, o mais poderoso elemento de moralização [...]. Ele tomou o homem em meio da vida, no fogo das paixões, em plena força dos

> preconceitos e se, em tais circunstâncias, operou prodígios, que não será quando o tomar ao nascer, ainda virgem de todas as impressões malsãs; quando a criatura sugar com o leite a caridade e tiver a fraternidade a embalá-lo; quando, enfim, toda uma geração for educada e alimentada com ideias que a razão, desenvolvendo-se, fortalecerá, em vez de falsear?[117]

Confirmando estas palavras, incluímos um depoimento extraído da *Revista Espírita* de outubro de 1865, no item Vossos filhos e vossas filhas profetizarão:

> — O Sr. Delanne, que muitos de nossos leitores já conhecem, tem um filho de oito anos. Esse menino, que a cada instante ouve falar do Espiritismo em sua família, e que muitas vezes assiste às reuniões dirigidas por seu pai e sua mãe, assim cedo se viu iniciado à doutrina e surpreende pela justeza com que raciocina os seus princípios. Isto nada tem de surpreendente, pois é apenas o eco das ideias com que foi embalado.[118]

O texto a seguir é retirado de um discurso de Allan Kardec aos Espíritas de Lion e Bordeaux:

> - É notável verificar que as crianças educadas nos princípios espíritas adquirem uma capacidade de raciocinar

117 KARDEC, Allan. *Obras Póstumas,* tradução de Guillon Ribeiro. Edição Histórica. FEB: Brasília/DF. 2019, p. 200.

118 KARDEC, Allan. *Revista Espírita,* de outubro de 1865, tradução de Evandro Noleto Bezerra. FEB: Brasília/DF, p. 312.

> precoce que as torna infinitamente mais fáceis de serem conduzidas. Nós as vimos em grande número, de todas as idades, e dos dois sexos, nas diversas famílias onde fomos recebidos, e pudemos fazer essa observação pessoalmente. Isso não as priva da natural alegria, nem da jovialidade. Todavia não existe nelas essa turbulência, essa teimosia, esses caprichos que tornam tantas outras insuportáveis. Pelo contrário, revelam um fundo de docilidade, de ternura, de respeito filiais que as leva a obedecer sem esforço e as torna responsáveis nos estudos. Foi o que pudemos notar, e essa observação é geralmente confirmada... Há, pois, uma geração espírita que cresce e que vai incessantemente aumentando. Essas crianças, por sua vez, educarão seus filhos nos mesmos princípios, e, enquanto isso, os velhos preconceitos irão, de pouco em pouco, desaparecendo com as velhas gerações. Torna-se evidente que a ideia espírita, será, um dia, a crença universal.[119]

Observando o movimento de evangelização espírita infanto-juvenil que acontece em todo o Brasil e, agora, no mundo, podemos concluir com Kardec que é realmente diferente lidar com crianças e jovens cujos pais atuam nas atividades dos Centros Espíritas. Nós os encontramos na vida diária e notamos as práticas que já estão incorporadas às suas vidas, percebendo o amadurecimento com que se comportam, a responsabilidade que imprimem em tudo

---

119 KARDEC, Allan. *Viagem Espírita.* 1862, O Clarim: Matão/SP, 1981, p. 30.

o que fazem, inclusive com relação à escolha da profissão e do grupo social no qual se insere. Vimos exemplos muito interessantes de jovens com atuação marcante no Movimento Espírita e não há remédio mais eficaz para se ter uma juventude saudável, do que a convivência em casa com os pais e avós que têm a vida pautada nos valores espirituais.

Normalmente, a criança se aproxima das lides evangelizadoras do Centro Espírita por volta de seus 4 ou 5 anos. O período anterior é de competência dos pais ou responsáveis. E como fazer? Desde o berço! A evangelização se efetiva na conduta e no exemplo. Nós conhecemos uma vózinha que ensinou a neta a recitar nas conversas diárias, despertando-lhe o gosto pela poesia e pela arte. Ao lado dos afazeres normais da faculdade que hoje ela frequenta, ela participa do coro do Teatro Municipal. Como é importante descobrir estas sementes e estar atentos a estes sinais!

Oh, pais, mães e responsáveis, apressem-se, então, aproveitando o período da infância. São inúmeras as possibilidades que surgem no momento mais propício da vida dos filhos para o lançamento das sementes do Evangelho, visando aprimorar as sementes do destino que germinarão um dia, com vistas às próximas jornadas a serem vivenciadas pelos Espíritos que ora lhe lhes foram entregues, rumo à edificação espiritual e ao novo mundo. São eles os alicerces do novo edifício que abrigará a nova sociedade. Humberto

Mariotti, autor argentino, em seu livro *O homem e a sociedade numa nova civilização* informa:

> O ideal espírita será, nesse novo mundo, a religião perfeita e pura da Verdade e da Vida. Surgirá com ele um novo tipo de homem, que se sentirá não somente cidadão do mundo, mas do Universo inteiro. [...] Existirá um indivíduo social que passará pela Terra sem tomar posse dela para submetê-la e oprimi-la. Será um cidadão universal: governará com a bondade e a persuasão; o sistema da sociedade a que presida estará baseado no sentido cósmico da Vida.[120]

120 MARIOTTI, Humberto. *O homem e a sociedade numa nova civilização*. EDICEL: São Paulo/SP. 1963, p. 199-200.

Capítulo 19

Finalizando nossa conversa

Estamos finalizando a nossa viagem pelos caminhos da educação sob a ótica espírita. Nossa intenção era ter uma espécie de conversa ao pé do ouvido contando com a assistência dos Guias Espirituais interessados em ajudar os amigos nesta jornada de luz.

Esperamos não ter cansado o amigo leitor com estas citações, mas, em se tratando de educação à luz do Espiritismo, todos os subsídios são de valor inestimável, pois há detalhes do processo educativo que orientam de tal forma o caminhar dos pais que ficamos admirados diante do novo panorama descortinado pelos Amigos espirituais. É realmente uma revelação, circunstâncias novas e invisíveis que vêm para auxiliar na tarefa educativa.

Há ainda uma providencia que não pode faltar nesta nossa prosa. Falando a respeito das medidas Espirituais, é importante citar as conversas enquanto nossos filhos dormem, eis que isto provoca um resultado especial. O sono é o momento em que a alma deixa o corpo por algum tempo para desenvolver algumas atividades no Plano Espiritual. O corpo repousa enquanto a alma sai em busca da nutrição espiritual que lhe é própria, de acordo com seus interesses.

Algumas vão para junto de seres que lhe são superiores, outras seguem para mundos inferiores onde os chamam velhas afeições. Como saber ao certo para onde ir? Orando e cuidando da preparação necessária. Desta forma, quando adormecidos, são mais receptivos à ação educativa.

Léon Denis, no capítulo 1 de seu livro *O Futuro do Espiritismo*, fala-nos sobre a possibilidade de uma alma agir sobre outra, a qualquer distância e sem o auxílio dos órgãos[121], por meio da telepatia. Anotada esta informação, lembramos o que Divaldo Franco relatou em uma de suas palestras realizada na temporada que fazia no Rio de Janeiro: houve o atendimento de uma mãe que dizia perceber o ódio com que sua filha a olhava. Divaldo, que com certeza alcançou espiritualmente a situação entre elas, percebeu os motivos da aversão e recomendou-lhe que tão logo sua filha estivesse dormindo, a chamasse, seu Espírito, e conversasse com ela falando sobre a importância de estarem juntas naquela encarnação. E recomendou que a conversa terminasse com a frase mágica: Eu te amo! A senhora o agradeceu e saiu, voltando 6 meses depois e contando-lhe os bons resultados daquela proposta. Este é mais um recurso que pode ser utilizado na tarefa de educar. Às vezes, repetindo atitudes antigas assimiladas na vivência com os nossos pais, gritamos, ficamos irados e não paramos de falar e repetir, acionando algo do passado que irrita a pessoa com quem se fala. Qual a nova proposta? Falar à alma dos nossos filhos ou de

121 DENIS, Léon. *O Futuro do Espiritismo.* CELD: Rio de Janeiro/RJ, 2017.

outros parentes mantendo a paciência. Muitas situações se resolverão e, assim, lembramos que estamos reencarnados em família por necessidades evolutivas. Então...

Vale ressaltar que essa é mais uma forma de ajudar o Espírito, acrescida de todas as outras providências como: limites, aprender a dizer não, procurar saber com quem se anda, acolher, abraçar e orar. Conhecendo o móvel da formação da família, entende-se que, muitas vezes, estamos próximos de adversários e, com essa conversa, vão sendo diluídas as diferenças e as adversidades. Pode tratar-se, também, de uma outra situação, quando estamos junto de amores com os quais combinamos um programa de sustentação das forças para empreendimentos mais sérios, como amparar comunidades ou sustentar projetos.

Podemos incluir aqui o caso Dimitri, um suicida, no qual há o registro do Espírito às mães encarnadas versando sobre a orientação que precisam dar a seus filhos desde tenra idade, utilizando-se dos recursos do Evangelho, significando uma vacina preventiva contra as más tendências do passado. Ele é extraído livro *Ressurreição e Vida,* de Yvonne do A. Pereira, no capítulo 2, A lição materna, que traz seu depoimento ao compreender a vastidão da Vida Imortal:

> Minha mãe amava as Escrituras Santas e lia-as, de quando em vez, o bastante para algo nos esclarecer durante os serões do longo inverno. [...]..Falava-nos então, da bondade do Nazareno ante os infortúnios

dos deserdados do mundo, a par das orações que ensinava. Falava das curas sensacionais nos cegos de nascença, nos paralíticos e nos leprosos. E das parábolas tão lindas, poemazinhos simples, extraídos da vida cotidiana de cada ouvinte, poemazinhos que ouvíamos com os corações embevecidos como outras tantas histórias admiráveis. [...]..Mais tarde, o turbilhão da vida arrebatou as impressões dulçurosas daquelas sublimes noites domésticas, quando o Evangelho do Senhor nos era doado como lição indispensável e eu tudo esqueci, porque era revel[...]. Na treva do meu opróbrio de suicida recordei[...] Era a paciente, a maviosa voz de minha mãe que repetia as lições da infância aos meus ouvidos. [...] Através das lembranças de minha infância, com as lições recebidas da boa-vontade de minha mãe em me encaminhar para o Bem, sim! Reequilibro-me agora, fortalecido para novas tentativas de progresso nas paisagens terrestres, as quais desonrei com uma vida irregular, que me precipitou no suicídio. Sim meu amigo, fazei-me o favor, quando possível, de dizer às mulheres que são mães, e que vivem ainda sobre a Terra, que não se descurem de ensinar a sublime moral do Evangelho aos seus filhos pequeninos, no aconchego sublime do lar. As sementes por elas lançadas naqueles corações iniciantes germinarão mais tarde ou mais cedo, revolvidas pelos labores ásperos do infortúnio ou do progresso, ainda mesmo se torturas consequentes de um suicídio os assinalem no mundo das Almas sofredoras como maus crentes que necessitarão repetir a experiência dolorosa da vida terrestre, a que se desejaram furtar pelos engodos da violência suprema![122]

Arrolamos ainda outro exemplo que pode contribuir para nossa reflexão, o caso Domênico, que se encontra no livro *Obreiros da Vida Eterna,* de André Luiz, no capítulo 6. Em sua fala para a mãe Ernestina, assim se expressa:

> Oh! Mamãe, que saudade de minhas preces em criança! Nesse tempo que vai tão longe, ensinavas-me a ver o Criador do Universo em todas as dádivas da Natureza. Meu coração banhava-se, feliz na fonte cristalina da confiança e o amor da simplicidade habitava minha alma venturosa! Depois, no torvelinho no mundo, perverti-me ao contato dos homens ambiciosos e maus. Ao invés da piedade, cultivei a indiferença: em lugar do amor fraterno, legítimo e ativo, coloquei o ódio inexorável aos semelhantes; ocultei o coração e exibi a máscara. Fugi às verdades de Deus e fantasiei-me de humanas ilusões! Por que fraquezas singulares pode o homem operar semelhante permuta? Por que menosprezar tesouros de vida eterna e mergulhar-se em tão sinistros enganos? Oh! Tu que conservaste a doce confiança do primeiro dia; que nunca sorvesse o venenoso absinto que me embebedou na Terra, faze-me esquecer, por piedade, o homem cruel que eu fui! Anseio retornar

122 PEREIRA, Yvonne do Amaral. *Ressurreição e Vida,* pelo Espírito Leon Tolstói. 5ª ed. FEB: Brasília/DF, 1981, p. 30.

> à serenidade ingênua do berço, angustia-me a sede de tornar à verdadeira Fé! Ajuda-me a dobrar os joelhos, novamente, e a rezar de mãos postas para que o Pai do Céu me faça esperar sem aflição e esquecer o mal sem olvidar o bem.[123]

São casos que nos levam a refletir sobre a orientação religiosa das pequenas crianças. Quantos pais, identificando-se sem religião, impedem ou dificultam o encaminhamento de seus filhos a uma casa religiosa, seja qual ela for. O sentimento da Divindade mora dentro de cada um de nós e abrir mão desta riqueza é povoar a alma de dúvidas, receios e de ceticismo diante da vida! É preciso que haja a escolha de uma religião, um espaço onde se trate a religiosidade.

No caso em que os pais professam religiões diferentes, é necessário que conversem antes, que definam a forma pela qual orientarão os filhos, escolhendo uma delas para que isso não seja motivo de disputas entre os cônjuges ou que a criança seja obrigada a participar de cultos cujas orientações sejam diferentes.

Eis o pedido de alguém que se preparava para retornar. Dona Brunildes Mendes, em reunião no Lar de Tereza, psicografou mensagem que intitulada "*Renascimento*":

> Renascer.
>
> Acender de novo a esperança.

---

123 XAVIER, Francisco Cândido. *Obreiros da Vida Eterna*, pelo Espírito André Luiz. 10ª ed. FEB: Rio de Janeiro/RJ, 1979, p. 110.

De novo acalentar o sonho antigo.
Recomeçar...
Renascer, retomar a cruz deixada atrás.
Refazer o caminho... esquecer.
Quero de novo um berço.
Sejam de rendas os lindos cortinados
Ou apenas trapos, que importa?!

[...]

Que mãos puras de mãe me embalem o berço!
Que de novo me cantem uma cantiga de ninar!
Que mãos puras de mãe tomem minha mão.
E me ensinem de novo a caminhar!
Quero rever meus antigos inimigos.
Quero revê-los e todos perdoar.
Quero abraçar a quem outrora desprezei.
E tornar a amar aqueles que amei!

[...]

Abri para mim os portais eternos de uma vida nova...
não importa a dor... não importa a prova...
Quero resgatar a dívida contraída com Deus.
Com os homens, com a própria vida!
Quero braços maternos que me afaguem
E mãos carinhosas que me acariciem.
mas... muito mais que isso
quero luzes que me guiem!

Renascer...

Voltar à Terra na conquista do Bem do puro amor
Renascer... tomar de novo a Cruz da Dor.
Buscar novos caminhos.
Renascer...
buscar a paz em nova caminhada nos rumos de
Jesus![124]

Esta mensagem chegou às nossas mãos no momento em que nos preparávamos para uma atividade de sensibilização em um encontro de evangelizadores. Permanecemos meditando a respeito da solicitação do Espírito ao dizer que precisava retornar e não importava a forma: podendo estagiar num lar que lhe desse muito conforto, com lençóis de linho ou apenas trapos, isto é, em um lar com todo conforto ou numa tapera, mas precisava retornar para reajustar seus sentimentos e encontrar as pais que o aproximassem de Jesus. Fica patente a preparação que o Espírito vivencia no período em que está na erraticidade, bem como o apoio dos Amigos Espirituais na organização dos detalhes e providências para voltar à Terra. Esta situação foi, com certeza, vivenciada por todos nós que precisávamos de uma chance para rever amigos e adversários, saldar dívidas para continuarmos a grande viagem rumo à luz, receber as lições de Jesus e poder caminhar em paz!

Há algum tempo vínhamos selecionando os textos que são apresentados neste trabalho e há muito o que conver-

---

124 MENDES, Brunildes. *Evangelho em Prosa e Verso*. Livraria Irmão X: Rio de Janeiro/RJ, 2002, p. 83.

sar e ideias a serem trocadas com pais, responsáveis e, até mesmo, evangelizadores no que tangem os fundamentos doutrinários da ação educativa que o Espiritismo nos proporciona, bem como de nossa preparação espiritual para esta tarefa de amor. E lembrando o pensamento de Joanna de Ângelis, na introdução do livro de Vianna de Carvalho, intitulado *À luz do Espiritismo*[125], aqui inserido no capítulo 2, à luz dessa Doutrina bendita tudo muda e, a partir destas informações poderemos até nos candidatar a um curso de formação da maternagem saudável. Quem sabe?

É preciso que apuremos os sentidos para olhar com outros olhos para esses pequeninhos que chegam aos nossos lares, aos nossos Centros Espíritas, pois eles demandam um jeito diferente de lidar, considerando que os Espíritos fazem parte da nova geração encarnada na Terra. É ainda Joanna de Ângelis quem nos esclarece quanto ao:

> [...] expressivo número daqueles que retornam: missionários do Bem e da Verdade, do Conhecimento e da Beleza, da Tecnologia e da Ciência, da Fé religiosa e da Caridade, a fim de apressarem o processo evolutivo. Ao mesmo tempo em que outros, ainda aferrados ao mal se despedem da oportunidade, igualmente renascendo para terem a sua última chance no lar terrestre que não têm sabido valorizar; e ainda estão neste instante reen-

125 FRANCO, Divaldo Pereira. À Luz do Espiritismo, pelo Espírito Vianna de Carvalho. Leal: Salvador/BA, 1968.

carnando, nobres espíritos de outra esfera evolutiva![126]

Que notícia interessante! O atendimento a estes amigos sob o clarão do Espiritismo significa sol para as almas. Educados com as luzes do Espiritismo vão percorrer a trilha da ascensão espiritual, contribuindo para a formação de uma sociedade mais fraterna e mais solidária como anunciadora de um novo tempo na Terra.

O Codificador já assinalava para nós esta visão prospectiva, quando, em *A Gênese,* nos informava:

> Devendo fundar a era do progresso moral, a nova geração se distingue por uma inteligência e uma razão geralmente precoces, unidas ao sentimento inato do bem e das crenças espiritualistas, o que constitui o sinal indubitável de um certo grau de adiantamento anterior. Não será composta exclusivamente por espíritos eminentemente superiores, mas daqueles que, já tendo progredido, estão predispostos a assimilar todas as ideias progressistas e aptos a secundar o movimento regenerador.[127]

Ao olhar para estes Espíritos que ora retornam, perguntamo-nos: em que grupo está o meu filho? Não importa a resposta, pois o indispensável é que cuidemos desses amiguinhos que chegam portando a certeza de que vamos

---

126 FRANCO, Divaldo Pereira. *Liberta-te do Mal,* pelo Espírito Joanna de Ângelis. EBM: Santo André/SP, 2011, p. 130.

127 KARDEC, Allan. *A Gênese.* Editora EME: Capivari/SP. 2020, p. 278.

dar o nosso melhor a fim de ajudá-los na caminhada que se descortina à sua frente.

Para finalizar este momento, propomos uma reflexão a respeito do resultado da educação bem cuidada à luz da Doutrina Espírita, que serve de estímulo à nossa viagem rumo ao amadurecimento do Espírito, na esperança de que tudo o que aqui foi apresentado talvez possa contribuir de alguma forma para o seu caminhar. Para tanto, trazemos a fala de um amigo querido que vem contribuir com estes escritos, falando diretamente ao coração dos pais, responsáveis e evangelizadores:

> Educar com Cristo
> A educação com Cristo é a segurança,
> É o norteamento firme, com pujança,
> Que impulsiona a pessoa a agir no bem
> E ser alguém...
> A educação com Cristo é a claridade
> A mostrar-nos valores de verdade/
> que fazem vibrar em nós a harmonia,
> Em cada dia...
>
> A educação com Cristo é a sutileza
> Indispensável à renovação,
> Porque a educação regula o passo,
> Da paz é o traço...
>
> A educação é qual outro na senda,
> Permitindo que cada ser aprenda

a espalhar muito amor pela vivência,
buscar-lhe a essência.

A educação com Cristo é a terapia
que nos faz gerar luz, dia por dia,
E respeitar a nossa encarnação
Cheios de unção.
A educação burila os pensamentos,
Abre a visão, suaviza os sentimentos,
Faz-nos viver melhor por sobre a Terra,
Fugir à guerra...

A educação com Cristo é a redenção
pela qual suspiramos. A união
dos que buscam crescer em liberdade,
Felicidade...

Não abandones o tempo presente,
Para aplicá-lo nessa educação
que acende luz dentro do coração
E que leva ao progresso toda gente!

Busca educar teu filho, ou teu irmão,
sem que te percas em fundas neuroses,
trabalha o amor, enfim, para que gozes,
dos valores felizes da razão.

Educa sorrindo, educa afagando,
Junto a Jesus te afastes da carranca,
A educação com Cristo é a fala franca
A orientar quem vai se estruturando.

Na educação promoves o futuro,
uma vez que, educado, fazes jus
a compartir a mesa com Jesus,
O Educador mais lídimo e seguro.[128]

128 GROSSO, José. Mensagem psicografada pelo médium Raul Teixeira, em 30/06/2006, na Sociedade Espírita Fraternidade, Niterói- RJ

Considerações finais

Amigos e amigas, estamos finalizando esta primeira viagem, o que significa dizer que podemos continuar em breve. As mensagens aqui apresentadas, quase que em sua totalidade, são da lavra de Espíritos Amigos do bem e paz. São transcrições de uma variedade de obras que trazem um conteúdo muito rico que nos vêm ajudar na mudança de percepção e de conceitos.

Dona Benedita Fernandes, em outra mensagem a respeito da educação espírita, diz: "*A educação espírita, de profundidade, portanto, não se limita à contribuição de recursos artísticos e convencionais, senão à equação dos desafios evolutivos, preparando o espírito para tentames sempre mais elevados e grandiosos*[129]". Dai ênfase nestes conteúdos enriquecedores.

Obrigada Allan Kardec, amigo da Humanidade! É uma honra podermos refazer os caminhos do bem e da paz à luz desta Doutrina de amor!

Obrigada, Amigos Espirituais, Espíritos que compõem a falange dos vanguardeiros do bem!

E obrigada a você, com quem compartilhei estas ideias e experiências, e que teve a gentileza de chegar comigo até aqui. Espero que tenha sido agradável e útil.

Até breve!

---

129 FRANCO, Divaldo Pereira. *Antologia Espiritual*, Espíritos Diversos. Salvador/BA: Livraria Espírita Alvorada, 1993, p. 36.

Anexos

Anexo 1: Plano proposto para a melhoria da Educação Pública[130]

Este precioso documento faz parte de um discurso feito pelo prof. Rivail, em 1824. Foram extraídos alguns trechos que vão nos permitir conhecer o pedagogo que tinha como lema de sua vida, a educação. Nesse opúsculo ele fala sobre a educação como arte, abordando conceitos a serem tratados com pais e mestres.

> A educação é a arte de neles fazer surgir os germes das virtudes e reprimir os do vício; de desenvolver sua inteligência e dar-lhes a instrução adequada às suas necessidades. [...] A origem das qualidades morais encontra-se nas impressões que a criança recebe desde o seu nascimento, talvez mesmo antes, e que podem atuar com mais ou menos energia sobre seu espírito, no bem ou no mal. Tudo o que a criança vê, tudo o que ouve, causa-lhe impressões. Ora, do mesmo modo que a educação intelectual é constituída pela soma das ideias adquiridas, a educação moral é o resultado de todas as impressões recebidas. Todo objeto que a criança vê produz nela uma ideia, e cada palavra que ouve, ou ação da qual é o motivo ou a testemunha, a

130 RIVAIL, H. L. Denisard. *Plano Proposto para Melhoria da Educação Pública,* pelo Espírito Léon Denis. Rio de Janeiro/RJ. 2005.

faz experimentar uma impressão e a mesma impressão, conservada durante um certo tempo e repetida frequentemente, faz a criança adquiri um hábito. Ora, como se sabe, o hábito é uma segunda natureza que nos leva, malgrado nosso, a fazer uma coisa, a maior parte das vezes, sem que a nossa vontade dela participe; daí o que se denomina nossas inclinações, que nada mais são que hábitos inveterados, quando não resultam do nosso temperamento, como a cólera, a vivacidade, a morosidade e outras tendências dessa natureza. [...] - Existem hábitos de três espécies diferentes: físicos, intelectuais e morais. Os primeiros são os que modificam mais particularmente o nosso organismo; os segundos consistem na posse mais ou menos perfeita de uma ciência. [...] - A origem dos hábitos morais encontra-se nas impressões durante muito tempo experimentadas ou percebidas na infância. Pode-se perceber o quanto é importante evitar cuidadosamente que possa a criança experimentar impressões perigosas; porém, eu não considero como impressões más somente o exemplo do vício, os maus conselhos ou as conversas pouco comedidas[...]. Quero falar daquelas impressões que a criança recebe diretamente nas suas relações com as pessoas que a rodeia, as quais, sem dar a criança maus exemplos ou maus conselhos, muitas vezes, no entanto, dão origem a vícios muito graves, como os pais por sua indulgência exagerada e os mestres por uma severidade mal compreendida, ou pelo pouco cuidado que se tem ao adequar a nossa maneira de agir ao caráter da criança, quando, por exemplo, cede-se às suas solicitações importunas, quando se tolera os seus erros sob pretextos ilusórios, quando se obedece aos seus caprichos, quando se deixa a criança perceber que se é vítima das suas astúcias, quando não se sabe discernir o motivo do seu modo de agir, e assim frequentemente, toma-se as imperfeições ou germes de vicio por qualidades [...]que acontecerá, então, quando essas impressões forem experimentadas desde o berço, e muitas vezes, durante toda a juventude?[...] Como a mãe é a primeira educadora de seus filhos, como é a mãe que recebe os primeiros sinais da sua inteligência, que responde às suas primeiras perguntas, que satisfaz as suas primeiras necessidades, é a ela que pertence a direção das primeiras impressões morais[...] Vê-se, então, que depende dos pais cercar a criança, desde o seu nascimento, de impressões salutares para o seu espírito e o seu corações e evitar todas aquelas que podem ser nocivas, como se evita deixá-la em uma atmosfera ruim. Eis o segredo da verdadeira educação moral. - Todas as mulheres são educadoras natas. Elas sozinhas são encarregadas da primeira educação, elas sozinhas dirigem as primeiras impressões que todos os homens recebem e, de alguma forma, presidem os seus destinos. Como podem cumprir um dever tão importantes se não têm a instrução necessária?[...] Imaginem os resultados que se obteriam se a educação de uma nação inteira pudesse ser dirigida convenientemente desde o berço até a entrada no mundo, por pessoas hábeis![131]

131 RIVAIL, H. L. Denisard. *Plano Proposto para Melhoria da Educação Pública,* pelo Espírito Léon Denis. Rio de Janeiro/RJ. 2005, p. 11 e seguintes.

Anexo 2 - Primeiras lições de moral da infância, publicado na Revista Espírita de fevereiro de 1864[132]

Já vivenciada a experiência espírita, Allan Kardec nos apresenta esse belo texto que achamos importante destacar e levar ao conhecimento do leitor. Segue na íntegra.

> De todas as chagas morais da Sociedade, parece que o egoísmo é a mais difícil de desarraigar. Com efeito, ela o é tanto mais quanto mais é alimentada pelos mesmos hábitos da educação. Parece que se toma a tarefa de, desde o berço excitar, certas paixões que mais tarde tornam-se uma segunda natureza. E admiram-se dos vícios da Sociedade, quando as crianças os sugam com o leite. Eis um exemplo que, como cada um pode julgar, pertence mais à regra do que à exceção.
>
> Numa família de nosso conhecimento há uma menina de quatro a cinco anos, de uma inteligência rara, mas que tem os pequenos defeitos das crianças mimadas, isto é, é um pouco caprichosa, chorona, teimosa, e nem sempre agradece quando lhe dão qualquer coisa, o que os pais cuidam bem de corrigir, porque fora desses defeitos, segundo eles, ela tem um coração de ouro, expressão consagrada. Vejamos como eles se conduzem para lhe tirar essas pequenas manchas e conservar o ouro em sua pureza.

132 KARDEC, Allan. *Revista Espírita*, de fevereiro de 1864, tradução de Evandro Noleto Bezerra. FEB: Brasília/DF.

Um dia trouxeram um doce à criança e, como de costume, lhe disseram: "Tu o comerás se fores boazinha". Primeira lição de gulodice. Quantas vezes, à mesa, não dizem a uma criança que não comerá tal petisco se chorar. "Faze isto, ou faze aquilo", dizem, "e terás creme" ou qualquer outra coisa que lhe apeteça, e a criança é constrangida, não pela razão, mas em vista de satisfazer um desejo sensual que aguilhoam. É ainda muito pior quando lhe dizem, o que não é menos frequente, que darão o seu pedaço a uma outra. Aqui já não é só a gulodice que está em jogo, é a inveja. A criança fará o que lhe dizem, não só para ter, mas para que a outra não tenha. Querem dar-lhe uma lição de generosidade? Dizem-lhe: "Dá esta fruta ou esse brinquedo a fulaninho". Se ela recusa, não deixam de acrescentar, para nela estimular um bom sentimento: "Eu te darei um outro", de modo que a criança não se decide a ser generosa senão quando está certa de nada perder.

Certo dia testemunhamos um fato bem característico nesse gênero. Era uma criança de cerca de dois anos e meio, a quem tinham feito semelhante ameaça, acrescentando: "Nós o daremos ao irmãozinho, e tu não comerás". E para tornar a lição mais sensível, puseram o pedaço no prato desse; mas o irmãozinho, levando a coisa a sério, comeu a porção. À vista disso, o outro ficou um lacre e era preciso não ser pai, nem a mãe para não ver o relâmpago de cólera e de ódio que brilhou de seus olhos. A semente estava lançada: poderia produzir bom grão?

Voltemos à menina, da qual falamos. Como ela não se deu conta da ameaça, sabendo por experiência que raramente a executavam, desta vez foram mais firmes, pois compreenderam que era necessário dominar esse pequeno caráter, e não esperar que a idade lhe tivesse dado um mau hábito. Diziam que é preciso formar cedo as crianças, máxima muito sábia e, para a pôr em prática, eis o que fizeram: "Prometo-te, disse a mãe, que se não obedeceres, amanhã cedo darei o teu bolo à primeira menina pobre que passar". Dito e feito. Desta vez queriam o bem e dar-lhe uma boa lição. Assim, no dia seguinte, de manhã, avisada uma pequena mendiga na rua, fizeram-na entrar e obrigaram a filha a tomá-la pela mão e ela mesma lhe dar o bolo. Então elogiaram a sua docilidade. Moralidade: A filha disse: "É mesmo, se eu soubesse teria tido pressa em comer o bolo ontem". E todos aplaudiram esta resposta espirituosa. Com efeito, a criança tinha recebido uma forte lição, mas de puro egoísmo, da qual não deixará de aproveitar-se uma outra vez, pois agora o que custa a generosidade forçada. Resta saber que frutos dará mais tarde esta semente quando, com mais idade, a criança fizer a aplicação dessa moral em coisas mais sérias que um bolo.

Sabem-se todos os pensamentos que esse cínico fato pode ter feito germinar nessa cabecinha? Depois disto, como querem que uma criança não seja egoísta quando, em vez de nela despertar o prazer de dar e de lhe representar a felicidade de quem recebe, impõem-lhe um sacrifício como punição? Não é inspirar aversão ao ato de dar àqueles que necessitam? Um outro hábito, igualmente frequente, é o de castigar a criança mandando-a comer na cozinha com os criados. A punição está menos na exclusão da mesa do que na humilhação de ir para a mesa da gente de serviço. Assim se acha inoculado, desde a mais tenra idade, o vírus da sensualidade, do egoísmo, do orgulho, do desprezo aos inferiores, das paixões, numa palavra, que com razão são consideradas como as chagas da Humanidade. É preciso ser dotado de uma natureza excepcionalmente boa para resistir a tais influências, produzidas na idade mais impressionável, e onde não podem encontrar o contrapeso nem da vontade, nem da experiência. Assim, por pouco que aí se ache o germe das más paixões, o que é o caso mais ordinário, dada a natureza dos Espíritos que, em maioria, se encarnam na Terra, não pode senão desenvolver-se sob tais influências, ao passo que seria preciso observar-lhe os menores traços para os apagar.

Esta falta, sem dúvida, é dos pais; mas, é bom dizer, muitas vezes esses pecam mais por ignorância do que por má vontade. Em muitos há, incontestavelmente, uma culposa despreocupação, mas em muitos outros a intenção é boa, é o remédio que nada vale, ou que é mal aplicado. Sendo os primeiros médicos da alma de seus filhos, os pais deveriam ser instruídos, não só de seus deveres, mas dos meios de o cumprir. Não basta ao médico saber que deve: curar, é preciso saber como agir. Ora, para os pais, onde estão os meios de instruir-se nesta parte tão importante de sua tarefa? Hoje dá-se muita instrução à mulher; fazem-na passar por exames rigorosos, mas algum dia foi exigido da mãe que soubesse como fazer para formar o moral de seu filho? Ensinam-lhe receitas caseiras, mas foi iniciada aos mil e um segredos de governar os jovens corações? Assim, os pais, são abandonados, sem guia à sua iniciativa. Eis por que tantas vezes seguem caminhos errados. Também recolhem, nos erros dos filhos já crescidos, o fruto amargo de sua inexperiência ou de uma ternura mal-entendida, e a Sociedade inteira lhes recebe o contragolpe.

Desde que é reconhecido que o egoísmo e o orgulho são a fonte da maioria das misérias humanas; que enquanto reinarem na Terra não se pode esperar nem paz, nem caridade, nem a fraternidade, então é preciso atacá-los no estado de embrião, sem esperar que fiquem vivazes.

Pode o Espiritismo remediar esse mal? Sem dúvida; e não hesitamos em dizer que é o único suficientemente poderoso para fazer cessar. Por um novo ponto de vista, do qual faz observar a missão e a responsabilidade dos pais; fazendo conhecer a fonte das qualidades inatas, boas ou más; mostrando a ação que se pode exercer sobre os Espíritos encarnados e desencarnados; dando a fé inquebrantável que sanciona os deveres; enfim, moralizando os próprios pais. Ele já prova sua eficácia pela maneira mais racional porque são educadas as crianças nas famílias verdadeiramente espíritas. Os novos horizontes que abre o Espiritismo fazem ver as coisas de outra maneira; sendo o seu objetivo o progresso moral da Humanidade, forçosamente deverá iluminar o grave problema da educação moral, primeira fonte da moralização das massas. Um dia compreender-se-á que esse ramo da educação tem seus princípios, suas regras, como a educação intelectual, numa palavra, que é uma verdadeira ciência. Talvez um dia, também, será imposta a toda mãe de família a obrigação de possuir esses conhecimentos, como se impõe ao advogado a de conhecer o Direito.[133]

Anexo 3 - As seis funções reencarnatórias da infância

Esse é um estudo desenvolvido pelo prof. Ney Lobo, no livro *Espiritismo e Educação*[134], e que nos que auxilia a entender o tema infância:

- As seis funções reencarnatórias da infância:

Transição: é o estado de passagem do Espírito de uma

133 KARDEC, Allan. *Revista Espírita*, de fevereiro de 1864, tradução de Julio Abreu Filho. FEB: Brasília/DF, p. 37.

134 LOBO, Ney. *Espiritismo e Educação*. FESPE: Vitória/ES. 1995, p. 63.

vida anterior para outra consecutiva [...] e completa-se normalmente em torno dos sete anos de idade.[...] O Espírito da criança traz da existência anterior uma complexa bagagem de tendências boas e más, várias aptidões já desenvolvidas, resoluções a serem efetivadas na vida atual, muitas experiências malogradas umas e outras bem-sucedidas, sentimento de culpa, uns; de mérito ,outros, algumas perfeições em processo de desenvolvimento paulatino, muitos "vazios" (imperfeições) cujo "preenchimento" (desenvolvimento das perfeições) está por iniciar.

Repouso: [...] decorre da preparação para a reencarnação, a perturbação decorrente da contração do perispirito, do esquecimento progressivo do passado, período em que deverão ser evitados ensinamentos desproporcionais à idade.

Ocultamento: o verdadeiro nível de evolução espiritual da criança manifesta-se imperceptivelmente, [...] as tendências delituosas e vícios do passado são quase totalmente mascarados[...] e surge a aparência de inocência.

Atratividade: são aqueles aspectos e traços físicos e mentais da criança que configuram o quadro de fragilidade e dependência total do menino (a). [...] chama a si e capta o amor dos pais e educadores, os cuidados e desvelos, a segurança física, a ternura e o carinho, [...] quando se torna indispensável a ação dos educadores.

Plasticidade: A infância é o período da graça educativa, ou seja, a sua plasticidade favorece sobremaneira o processo educativo - a total dependência dos pais e de outras pessoas.

Emersão: significa o afloramento espontâneo das virtualidades relativas [...] são perfeições já conquistadas e que emergem facilmente. [...] Elas situam-se numa espécie de pré-consciente, imediatamente abaixo do consciente e fluem espontaneamente no período da infância [...]. A função principal dos pais e demais educadores será propiciar esse afloramento das boas qualidades subjacentes.[135]

---

135 LOBO, Ney. *Espiritismo e Educação.* FESPE: Vitória/ES. 1995, p. 63..

VOCÊ PRECISA CONHECER

O FLORESCER DO AMOR

Geane Lanes
pelo Espírito Agnel

Romance • 16x23 cm • 240 pp

Criado dentro dos preceitos da religião judaica, Daniel aprendeu a valorizar os valores morais e o respeito ao próximo. Entretanto, ainda tinha dificuldade em lidar com o sofrimento e a perda daqueles que amava, deixando que a tristeza e o desespero abalassem sua fé em Deus e em Seus desígnios. Embora sempre amparado por seu irmão e fiel companheiro Isaac, ele deixou que o amor possessivo de seu pai e o amor não correspondido da mulher por quem sempre foi apaixonado o envolvessem em uma espiral de amargura e ceticismo, não percebendo a atuação constante de seus protetores espirituais.

ISBN: 978-65-88535-71-4

ESPERANÇAS RENOVADAS

Roberto de Carvalho
pelo Espírito Casimiro

Romance • 14x21 cm • 248 pp

Envolvido por fenômenos mediúnicos desde a infância, o menino Casimiro se sente responsável por vários infortúnios que ocorrem no seio familiar, inclusive pelo desencarne de sua genitora. Num momento de grande realização pessoal, em idade madura, o sofrimento provocado por uma nova tragédia leva-o a uma crise emocional tão profunda, que o faz pensar em dar fim à própria vida. A salvação chega por intermédio do bondoso amigo espiritual, lhe oferecendo amparo e importantes ensinamentos sobre a lei de causa e efeito.

ISBN: 978-65-885356-15-9